제4평론집

시인과 독자 사이의 징검다리

작가의 말

제4평론집을 내면서

등단 40년
하나도 내놓을 것 없다. 부끄럽기만 하다.
네 번째 평론집은
목우의 문학론과 고산지의 서사 시집,
신준식, 구해연, 김남숙 시집의
해설을 초록하였다.
『월간 국보문학』의 월평을 통하여
시인들에게 힘을 실어 주고 싶었다.
독자들의 많은 질정(叱正)을 바란다.
시인과 독자 사이의 징검다리가 되었으면 한다.

2025년 3월 새 봄
김 전

차 례

1부 사유의 발자취

근대 문학의 선구자 목우 백기만 시인론　　08

순수와 사랑의 스펙트럼에 비추어진 窓　　23
- 신준식 시집 『맺고 풀고 하니 사랑이더라』

참신한 이미지가 낳은 서정시의 금자탑　　46
- 구해연 첫 시집 『비 오는 날의 포장마차』

"복음의 촛대, 동방으로 옮겨지다."　　74
- 고산지 서사시 『은둔의 나라』

진정한 목소리로 아포리즘의 탑을 쌓는 서정시　　103
- 김남숙 시집 『바람난 까치』

2부 찬찬히 뜯어 보기

생각하는 시, 깨달음을 주다	129
삶의 발자국을 통해 사유의 깊이를 재다	141
詩는 치환을 통해 나타내는 미적 창조물이다	154
詩는 새 이름을 붙이는 작업이다	170
詩는 사랑으로 사물에게 말 걸기다	184
시인은 사물의 탈을 쓰고 말하는 사람이다	201
작은 것에서 울림을 주는 시	216
각양각색의 깃발로 흔드는 봄의 소리	228
진실과 이미지는 시의 생명이다	242
사유의 숲으로 걸어가기	260
진솔한 목소리로 울림을 주는 작품	275
낯설기 기법을 통한 개성적인 작품	288
마음으로 그리는 이미지의 비유와 직조	304

1부

사유의 발자취

근대 문학의 선구자 목우 백기만 시인론

1. 들어가는 말

　백기만 시인은 한국 문단사에서 빼놓을 수 없는 분이다.
　독립투사이면서 문학청년으로 한국 문단에 씨를 뿌린 공적을 인정하지 않을 수 없다
　그의 나라 사랑은 누구보다 강했다. 자신보다 나라를 제일 앞자리에 두었고, 다음 자리에 친구를 두었다. 그 예로 나라 잃은 설움과 울분을 3.8 만세운동으로 저항했다.
　또 백기만 시인은 자신보다 친구를 사랑하는 마음이 더 컸다. 이분의 이런 높은 뜻으로 인해 자칫 빛을 보지 못할뻔한 이상화와 고월(이장희) 작품이 세상에서 빛을 발하고 있다.

　<u>식민지 한국 문단의 대표적 시인 이상화, 이장희 등의 화려한 시들이 백기만을 통로로 삼아 문학을 꽃피울 수 있었다.</u>

그의 생애는 한마디로 저항, 울분, 고난, 열정 등의 말로 대변할 수 있다.

그가 참여한 『금성』, 그가 남긴 『상화와 고월』, 『씨뿌린 사람들』 등의 문집은 한국 문단에 족적을 남겼다.

양주동, 유엽, 손진태 등과 '금성지'라는 이름의 동인지를 발간하게 됐다.

이런 큰 업적에 비해 잘 알려지지 않고 있다. 필자는 백기만 시인이 후대에 와서 저평가 받는 점에 주목하고 그 원인을 살펴보고자 이 글을 쓰게 됐다.

1920년대 목우 백기만 시인의 작품을 감상해 보고 당시의 시대적 모습과 백기만 시인의 시 정신을 알아보고자 한다.

2. 백기만 시인의 연보

연월일	내용
1902	대구시 남산동 284번지에서 차남으로 태어남
1917	대구 공립 고등보통학교 입학. 3.1운동으로 중퇴
1919	3.1운동 주동자로 징역 1년 언도, 2심에서 3년 집행유예
1920	일본 와세다대학교 영문과 입학 1922년 귀국
1923	'개벽'에 가엾는 청춘, 고별, 예술 등 3편 발표
1923. 11	양주동, 유엽, 손진태 등과 동인지 금성 창간함
1924	고월 이장희를 금성(金星)지에 추천함. 황석우와 조선시인회 이사로 활동함.
1926	김일순과 결혼

1926	김천 금릉학원(민족주의자 고덕환 설립) 중학부 강의 담당
1928	금릉학원이 불온하다는 이유로 폐쇄되어 대구로 귀향
1929	대구 조양회관에서 이상화, 오상순, 서동진 등과 고월 이장희 유작 시화전 개최
1933	상주의 옥산 광산(장인소유)에서 경영에 도움받음
1939	만주 한인촌에 교사로 소개받아 고국을 떠남
1942	북만주 빈강성에서 '가신 농장' 회장직을 맡아서 활동
1945	일시 귀향 중 해방 맞음. 이후 대구에 거주
1947	〈대구시보〉주필이 되어 '반탁(反託)'에 논설 쓰다
1950	서울에 거주하며 근로인민당 계열에 학살 고비를 넘김, 낙동강 최후 전선이 왜관으로 북상할 때 cic에 혁신계로 체포되어 다시 고비를 넘김 국민회 결성에 가입하고, 정치 문제에 간여하지 않겠다는 서약서 씀
1951	경북 문학가협회 결성
1951	9월, 「상화와 고월(청구출판사)」, 편집 출간함.
1953	〈대구일보〉 상무이사로 활동함
1956	〈영남일보〉 논설위원으로 활동함, 6월에 대구시 제정 「대구 시민의 노래」 작사함
1957	경북 문학협회 창립하고 대표 맡음
1958	경북 문학협회 기관지 〈문학계〉 편집인
1959	3월 「씨뿌린 사람들」 펴냄
1959	경북문화단체 총연합회 결성하고 대표 최고위원 취임
1960	사회 대중당 경북도당위원장 취임. 참의원 출마 낙선
1961	구 혁신계로 분류돼 혁명 재판에 회부 되었다가 병보석으로 석방, 뇌졸중으로 기억력 및 언어장애, 두문불출함
1969	8월 6일 대구시 남산동 자택에서 사망 대구 신암동 '선열공원' 안장
1991	대구 두류공원에 목우 백기만 시비 건립.

3. 목우 백기만의 업적

가. 목우 백기만 시인의 문학사랑

백기만 시인은 한국 문단의 빛나는 시인들과 어깨를 겨루며, 그들을 문단과 연결한 매개자다. 또 누구보다 대구를 사랑하고 아낀 향토 문학계의 거목이다.

광복 이전의 대구 문학은 일제강점기였던 1920년대에 본격화 됐다.

지난 1917년 목우 백기만 시인이 대구고보 시절 이상화, 현진건 등과 함께 프린트 판으로 발간한 시동인지 '거화'가 씨앗이 됐다. 또 1920년대 초 '백조', '금성' 등의 문학동인지가 나오면서 향토 출신의 작가 이상화, 이장희, 백기만, 현진건 등이 한국 근대문학을 본격적으로 개척했다. 백기만은 '개벽(1923.3)에 시를 발표하면서 시인으로 등단했다.

백기만은 이상화의 종형인 이상악의 학비 지원으로 일본 와세다 대학을 다니며 양주동과 교류했으며 후일 동인지'금성'을 발간했다.

「금성」은1 920년대 근대 시 형성에 이바지한 주목할 만한 동인지로 3호에는 이장희의 '봄은 고양이로다.'외 4편의 시와 이상백의 '내 무덤'을 실었다.

백기만이 1923년 일본에서 돌아온 후 서울에 머물며 조선 통신 중학관에 근무할 당시 실질적으로 편집을 총괄한'조선 시인 선집'도 전시됐다.

'조선 시인 선집'은 1920년 초기 시인들의 대표작을 묶어낸 최초의 근대 시인 선집이다.

백기만은 1923부터 1928년까지 「개벽」「여명」「신민」'조선일보', '동아일보', 「현대 평론」「불교」등의 출판매체에 청춘의 고뇌와 열망을 담은 24편의 시를 발표하면서 창작열을 불태웠다. 백기만은 가장 중요한 업적으로는 현대문학의 개척자로서 한국문학사에 획을 그은 분이다.

나. 독립투사로서의 목우 백기만

1919년 이상화 시인과 함께 대구고보, 신명여고, 계성고 학생들 및 상인들과 함께 3.8만세 운동을 주동하였다. 목우 백기만 시인이 다니는 대구고보(현 경북고) 학생 124명 중 100명이 구속되었다. 백기만 시인은 스스로 경찰서에 가서 "여기에 있는 학생은 죄가 없으니 나를 구속하라."고 하였다. 그는 경찰서에 수감되었고, 3년 형이 선고되었다. 그러나 얼마 되지 않아서 학생이고 나이가 어리다고 하여 곧 석방되었다고 하였다. 당시 목우 선생의 나이 18세였다고 한다. 독립운동사에 길이 남을 일이지만 독립유공자로 서훈 받지 못한 이유를 살펴보면, 투옥 기간이 짧다는 이유로 번번이 뜻을 이루지 못하였다고 백기만 시인의 딸인 백용희 여사가 증언하고 있다.

백기만 선생은 도일하여 와세다대학 철학과에 입학하였으나 조국을 찾기 위해 문학과 독립운동을 병행하였다. 가정적으로 살펴보면 목우 선생의 부친은 삼찬 벼슬을 하였고 2남 3녀 중 차남으로 태어났다. 독립투사들의 집안은 가난했고 핍박 속에서 살아왔다는 것을 따님의 증언(백용희)에서도 알 수 있었다. 백용희는 아버지의 얼굴은 볼 수가 없었고, 생활은 어머니의 삯바느질로 연명했다고 한다. 목우 선생의 나라 사랑은 한결같았다.

다. 친구 사랑의 대명사

목우 백기만 시인의 따님 백용희 여사의 설명에 의하면, 아버지는 언제나 자신보다 남을 사랑했다고 한다. 특히 일제의 눈을 피하고자 상화, 고월(이장희)의 육필 원고를 단지에 넣어 땅속에 묻어두고 보관했다고 한다. 이런 일은 후일에 상화와 고월의 업적을 알리게 되는 계기가 되었다. 오늘의 상화, 고월이 있게 된 것은 전적으로 목우 백기만 시인의 업적이라고 생각한다. 친구의 우정을 중요시한 목우 시인의 인간성을 엿볼 수 있는 부분이라고 생각한다. 금성3호 편집에 앞서 이장희와 이상백을 등단시키면서 동인에 합류시켰다. 아직도 많은 문인은 이런 사실을 모르고 있다. 우리나라 최초의 서사시를 쓴 파인 김동환도 이때 등단시켰다.

라. 목우 백기만 시인의 향토사랑

(牧牛) 백기만(白基萬1902~1969)은 일제강점기 때는 독립투사였으며 초창기 한국 근대문학의 씨를 뿌린 사람이다. 「대구시민의 노래」 작사자로 널리 알려진 백기만은 누구보다 대구를 사랑한 시인이다.

평생을 불의에 맞서 지조와 절개를 굽히지 않은 굳건한 정신의 소유자로 소나무 같은 사람이었다.

그는 초창기 한국 근대문학의 요람인 『금성』지를 창간하고, 대구 문단을 중심으로 화려하게 문학을 꽃피운 사람이다.

그는 시인이었지만 시인에 머물지 않았다.

초창기 한국 문단의 빛나는 시인들과 어깨를 겨루며, 그들을 문단과 연결한 매개자였다. 1951년에 경북문학가 협회를 결성하여 회장을 맡기도 했다.

마. 목우 백기만 시인이 저평가된 이유

　목우 백기만 시인은 업적에 비해 저평가되었다. 그 이유로 윤장근(전 죽순문학회 회장)은 1920년에서 1930년까지 작품 창작 시기가 짧았기 때문이라고 하였다. 고월, 빙허와 비교할 때 의외일 만큼 옳은 평가를 받지 못하고 있다. 그것은 첫째 1930년 이후 시작(詩作)을 거의 하지 않았다는 것과 둘째 문학 활동보다는 언론과 문화 운동에 더 주력했기 때문이라 한다.
　김용락 시인은 그렇지 않다고 말한다. 고월이나 상화도 1930년 이후론 작품을 거의 쓰지 않았다.는 점에서 윤장근의 주장은 설득력이 떨어진다고 하였다. 따라서 백기만이 저평가된 원인은 정치활동 때문이라고 봤다. 백기만은 반민특위 조사위원 남로당 계열인 민주주의 민족전선 참가, 여운형계인 근로인민당, 경북지부 위원장, 사회대중당 등 진보적인 정치활동을 주로 해왔다. 이런 이유로 조명받지 못했다고 주장했다. 또 저평가된 이유 중 하나는 작품 수가 많지 않았다는 것도 이유 중 하나다.
　이들의 주장을 종합해 보면, 저평가된 이유는 여러 가지 복합적인 이유로 된 것 같다. 목우 백기만 시인은 5.16혁명 시점에 혁신계라는 이유로 고문당했다. 그로 인해 뇌졸중을 앓아 언어장애 등 신체가 부자연스러웠다. 앞으로 시인이자 독립운동가인 목우 백기만에 대한 연구를 계속하여 바른 평가가 이루어져야 한다고 본다.

바. 백기만 시인의 작품 세계

그대여!
나는 이 땅을 떠나갑니다.
멀리 멀리 삼천리나 격(隔)한 저 편에
북극(北極)이란 빙세계(氷世界)를 찾아갑니다.

거기는 꼴사나운 사람이 없고
얼음으로 정화된 끝없는 광야에
사랑스런 백웅(白熊)이 떼를 지어서
밤에나 낮에나 춤춘다 해요

그곳에 얼음벽에 방을 맨들고
빨가벗은 몸으로 살아가려오
밤에는 등불 없어 달 돌아오고.
외로울 때 백웅(白熊)과 춤춥니다

〈개벽33호1923.3〉「고별」전문

백웅은 북극곰이다. 白熊은 백기만의 필명으로 쓰이고 있다.

목우 백기만이 지향하는 곳은 북극이다. 현실의 세계를 비극적으로 보고 있기 때문이다. 꼴사나운 사람이 사는 곳은 일제 치하 속에 사는 현실을 말하는 것이다.

일제 치하에 있었기에 현실적으로 불행할 수밖에 없었다.

그래서 때 묻지 않은 북극을 그리워했는지 모른다. 순수하고 때 묻지 않은 북극을 그리워하면서 북극의 백곰들과 함께 뒹구는 깨끗한 세상을 지향하고 있다. 백웅은 현실의 질곡 속을 이겨내려는 열정적인 삶을 나타내기 위한 표상으로 나타내고 있다.

　모든 꼴사나운 놈들은 한주먹에 치우자
　온갖 불평의 것들은 유황(硫黃)불에 사르자
　너희들 전통(傳統)과 인습(因襲)에서 얽힌 어리석은 양(羊)이
　헛되이 주저(주저)와 겁나(怯懦)에서 도서적(盜鼠的) 생활(生活)을 말자
　생이란 연소(燃燒)뿐이다-연소(燃燒)뿐이다-
　그림으로 그의 기록(記錄)은 허무(虛無)한 연기(煙氣)
　다만 막연(漠然)한 맹목적(盲目的) 집착(執着)으로
　영원의 불만에서 끝없는 고민(苦悶)
　오너라 감탕 속에 신음하는 젊은이들아
　우리는 모든 것을 짓밟고 걸어나가자
　우리의 가슴에 타오르는 화톳불과도 같은
　생명 짧은 불꽃이 영겁(永劫)으로 돌아가기 전에
　불타는 가슴은 불타는 가슴을 부둥켜안고
　사랑하고 노래하며 춤추자꾸나
　북국(北國)의 황야(荒野)눈보라가 치는 속에서도 난무(亂舞)하는 백웅(白熊)의 때와도 같이
　사랑하고 노래하며 춤추자꾸나
　이곳에 정열과 감격이 용솟음하고
　이곳에 생명과 환희가 흐르느니라
　　　　　　　　　　　　　　　거화「금성」2호 1924. 1

이 작품의 배경은 일제강점기다. 현실의 답답함을 털어내기 위한 방안을 제시하였다고 본다.

이 시가 지향하고 있는 배경은 정열과 감격이 용솟음하고 환희가 흐르는 곳을 이야기하고 있다. 그곳이 바로 북국, 눈보라 치고, 백웅이 난무하는 곳이다.

젊은이에게 전통과 인습, 주저와 고민, 현실의 질곡에 벗어나자는 목우의 정신을 찾아볼 수 있다.

이 작품은「금성」2호에 수록되어 청년들에게 희망을 주고 있다. 여기에 양주동, 백기만, 손진태, 유엽 등이 참여하였다. 이장희는 백기만의 추천으로「금성」동인으로 참여하게 되었고 또 등단하였다.

소 타고 돌아오는 목동의 피리 소리가
노을에 물 들은 옥수수밭 너머로 들려오더니
그 소리 그치자 해 떨어지고
산촌에 여름밤이 물같이 밀어오다
저녁은 마을에 가장 즐거운 때일다
머슴들은 거적자리를 끼고 이야기벗을 찾아
어슬렁어슬렁 동구 밖으로 모여들고
아이들은 여름 저녁의 부드러운 기쁨을 안고
술 취한 곰새끼 같이 날뛰고 있다
더위에 눌려 움쩍 못하던 나뭇잎까지도
지금은 시원한 바람에 우쭐거리도다

나는 물오른 풀잎을 깨물어보며
노래하는 아이 떼를 지나 흙내 나는 농부와 옷깃을 스쳐
물긷던 아낙네의 살향내가 남은 우물가를 지나
멍든 가슴을 만져주는 날콤한 서녁을 마시며
아무 생각 없이 황혼의 길을 거닐고 있다.
차차 이 집 저 집 처마에 원시적(原始的)초롱이 내어 걸린다
그리고 울도 없는 집 마당에는 늙은이들이
끝없는 담소에 즐거워한다
아아 평화롭다 오직 태고정(太古靜)이 흐를 뿐이다
지난날의 뉘우침도 없고 올 날의 근심도 없는
산촌은 산과 함께 어둠에 잠기려 하도다

산촌 모경, (백기만),「조선시인 선집」1926.10.

   산촌의 모습을 디테일하게 그린 작품이다. 한편의 그림을 보는 것 같다. 서정적인 농촌의 모습이 선명하게 떠오른다. 이 작품은 역동적 이미지가 두드러진다.

   시적 흐름을 찾아보면 머슴에서-술 취한 곰새끼 같은 아이들-흙내 나는 농부-물 긷던 아낙네-늙은이의 담소-산촌의 평화로움으로 전이 되면서 역동적인 이미지로 나타내고 있다.

   이 작품은 산촌의 마을을 나타내는 서정시다.

   평화로운 조국을 그리고 있다. 시대적 배경은 일제강점기다. 목우 백기만 선생이 그리워하는 산촌의 모습은 해방된 조국의 모습이다.

목우 백기만의 작품 중 가장 뛰어난 작품이라고 생각한다.

저녁이 되어 그리운 붉은 등불이 많은 꿈을 가지고 왔을 때
어머니는 젖먹이를 잠재우려 자장가를 부르며
아버지 기다리시는데
나는 어머니 방에 있는 조그만 내 책상에 고달픈 몸을 싣고
뜻도 없는 책을 보고 있었어요
하지만 어머니 제가 무엇을 그 책에서 보고 있었는지 모르시리다
어머니 나는 꿈에 그이를, 그이를 보았어요
흰옷 입고 초록 띠가 어떻게 내 마음을 흔들었는지 누가 아시리까?
오늘도 은행나무 그늘에는 가는 노래가 떠돕니다
고양이는 나무가리 옆에서 어제같이 졸고요
하지만, 그 노래는 늦은 봄바람처럼 괴롭습니다
「은행나무 그늘」 전문

이 작품도 서정적이다. 그러나 시적 자아의 마음은 괴롭다고 하였다.

광복을 기다리는 심정이 잘 나타나 있다고 본다

정서와 호흡이 유장하고 사실적이며, 정겨운 모습을 그림처럼 묘사하였다.

'흰옷 입고 초록 띠가 내 마음을 흔들었는지 누가 아시리까?'

흰옷 입고 초록 띠를 두른다는 것은 조국을 의인화 한 것이 아닐까?

그이를 그리워한다는 것은 해방된 조국을 그리워하는 마음을

그리고 있다.

'고양이는 나무가리 옆에서 어제 같이 졸고요.'는 편안하게 졸고 있는 고양이 모습에서 자신의 평안했던 모습을 그리워하고 있다.

4. 맺는말

목우 백기만 시인은 한국 근대문학의 개척자로 볼 수 있다.

1917년에 목우 백기만 시인은 이상화 현진건 등과 교류하면서 프린트판으로 발간했던 시동인지 「거화」가 씨앗이 되었다.

1920년대 초 「백조」 「금성」 등 동인지가 나오면서 이상화 이장희 등의 대구 출신 작가들이 한국 근대 문학에 본격적으로 뛰어들었다. 1920년대 「금성」지에 시인으로 추천한 사람도 백기만 시인이다.

백기만 시인은 향토문학을 위하여 노력하였고, 대구시민의 노래를 작사하기도 하였다.

이러한 업적이 있는데도 불구하고 목우 백기만 시인이 저평가된 이유는 1930년 이후에는 문학 활동을 거의 하지 않았다는 점과 정치적인 이유와 혁신계와 진보정당에서 활동하였기 때문에 후배 시인들이 조명하지 않는 점도 있다. 그리고 그의 작품집이 없다는 점도 한 가지 이유다.

앞으로 후배 시인들과 평론가들의 깊이 있는 연구가 필요하다. 제대로 된 평가가 이루어졌으면 한다.

백기만 시인의 시 세계는 북국이라는 이상향을 그리고 있다. 북국은 추운 곳이지만 깨끗하고 곰들이 자유롭게 뒹구는 곳을 말한다. 백웅(白熊)은 백기만의 필명이기도 하다.

일제 치하에서 벗어나 해방된 조국을 그리워하는 애국적인 시가 주류를 이루고 있다.

시인은 시대의 등불이다. 백기만 시인은 씨를 뿌리며 앞서간 사람임에 분명하다.

문학을 사랑하고 친구를 사랑했던 백기만 시인의 업적이 바르게 평가되었으면 한다.

독립운동가로 백기만 시인은 대구고보 시절 독립운동을 위하여 대구고보, 계성고, 신명여고 상인들을 불러서 3.8 독립운동을 일으켰다. 학생 신분으로 구금되었다.

백기만은 자신보다 친구를 생각하는 사람이었다. 상화와 고월의 작품을 단지 속에 넣어 묻어두었다가 꺼내어 알린 사람이다. 백기만 시인이 없었더라면 상화와 고월(이장희)의 작품을 볼 수 없을지도 모른다.

목우 백기만 시인은 독립운동가이며, 근대문학의 씨를 뿌린 사람이다. 언제나 민족과 조국을 사랑한 사람이었다. 후세 문인들은 목우 백기만 시인의 재평가를 위하여 노력해야 할 것이다.

순수와 사랑의 스펙트럼에 비추어진 窓

신준식 시집 『맺고 풀고 하니 사랑이더라』

1. 진정한 명의

　진정한 명의는 환자의 내면세계를 진단하여 정신적 치료까지 할 수 있어야 한다. 신준식은 명의 중의 명의로 꼽히고 있다. 그의 시에는 사랑까지 녹아있어 더욱 믿음이 간다.
　바쁜 가운데도 많은 시를 발표하는 것을 볼 때 그의 삶은 보람되고 행복한 삶을 살고 있다고 말할 수 있다.
　미국의 소설가 '에다퍼브'는 이렇게 말하였다.
　'인생은 글쓰기를 사랑하는 자는 결코 좌절시킬 수 없고, 글을 쓴다는 것은 죽을 때가지 지혜의 연인으로 두는 일이다.'라고 말한 바 있다.
　시는 진솔한 언어로 독자들의 공감을 얻어낼 때 좋은 시라고 말할 수 있다.
　신준식은 주로 체험을 통해서 시를 창작하고 있기 때문에 진솔한 시어가 생동감 있게 다가온다.

사랑의 손길로 빚어진 시

그리움은 사랑이다. 사랑보다 더 큰 힘은 없다. 여기에서 진정한 사랑을 맛볼 수 있다.

> 배가 아플 땐
> 어머니 손이 약손
> 쓱쓱 내려가라
> 우리 애기 배는 똥배요
> 엄마 손은 약손
> 그래도 배가 아파 보채면
> 엄마는 빨간 약을 발라 주셨지
> 딸아이가 아파하기에
> 쓱쓱 내려가라
> 우리 애기 배는 똥배요
> 엄마 손은 약손
> 딸아이가 말한다
> 내 배가 왜 똥배야
> 빨간 약을 발라주었다
> 배 아픈데 왜 빨간 약이야
> 엄마는 알지도 못하며 아무거나 다 약이래
> 신경을 썼더니 내 배가 아프다
> 엄마 손이 그립다
>
> 「약손」 전문

어렸을 때 누구나 한 번쯤은 경험했을 것이다. 약손은 어머니의 사랑이 묻어 있는 손을 말한다.

체험에서 이루어진 시는 독자들에게 새로운 감동을 불러일으키고 있다.

진정한 사랑은 사물을 바르게 볼 뿐 아니라 아름답게도 만든다.

당신의 눈이 촉촉해요
사랑으로 가득 찬 눈
언제부터인지
조금씩 당신을 알게 되었어요
예전에는 몰랐거든요
당신은 보이지 않는 사랑과
소리 없는 헌신을 주었지요
그땐 정말 몰랐어요
다른 데 정신이 팔렸거든요
정신 차리고 보니
다 소용 없었어요
촉촉한 당신의 눈만이
애처롭게 나를 바라보고 있었지요
무언의 눈빛으로 이야기하곤 했지요
콩깍지 좀 벗으라고
그래서 벗었지요
그러니 당신이 보이네요
「당신이 보여요」 전문

진정한 사랑은 말이 필요 없다. 눈빛으로 말해도 다 알 수 있기 때문이다.

　손익을 따지지 않는 진실한 사랑을 말하고 있다. 화자의 마음이 따뜻하여 독자에게까지 전이되고 있다. 각행 끝부분 '요'와 각 연이 4행으로 이루어져 리듬을 형성하고 있어 시의 효과를 극대화 시키고 있다.

　사랑은 고뇌에서 오기도 한다. 고뇌의 사랑 시를 살펴보자.

그대를 사랑한다 하여
재를 넘었습니다
오솔길 굽이굽이 멀기도 하였지만
님 향한 애절함에
어찌 멀다 하겠나이까
산 넘어 재 넘어
님이 있다 하기에
해 저무는지도 모르고 찾아갔습니다
돌부리에 넘어져
무릎에서 피가 나도
아픈 줄 몰랐습니다
두 번 다시 그 길을
나처럼 미련하게 걸을 사람은
없을 것입니다
어느 날
내가 걸어왔던 그 길을 바라보며
고뇌하는 내 모습을 보았습니다
나에게 다시 젊음이 주어진다면

똑같이 이 길을 걸을 것인가
다른 길을 택할 것인가
하지만 분명한 것은
어떤 길을 걷든
그 길이 바로 나의 여로입니다

「나의 여로」 전문

사랑의 길은 멀기도 하지만 희망이 있다. 아무리 힘든 길이라도 끊임없이 헤쳐가는 길 그것이 사랑의 길이다. 사랑은 무한한 힘을 갖고 있다.

한 편의 드라마를 보는 듯하다. 이미지가 선명하게 떠오른다.

사랑을 향해 끊임없이 항해하는 길, 그 길이 신준식의 여로다. 고뇌하면서 살아가는 것도 아름다움이 아닐까?

사랑의 진수를 보이는 것은 희생이다. 여기에서 사랑의 묘약을 찾아보자.

나는 당신의 갑옷입니다
험난한 세상에서 창과 화살이 당신을 해치려 할 때
갑옷이 되어 당신을 보호할 것입니다
엄동설한 폭풍우 속에서
헐벗고 추위에 떨고 있을 때
품 속에 끌어안고 언 몸을 녹일 것입니다
이제는 고생의 늪에서 헤어나 행복해야 합니다
지나온 길은 타인을 위한 길이었습니다

당신의 영혼에
오직 그대를 위한 멜로디가 흘러야 합니다
몸도 마음도 더 이상 상처받아서는 안 됩니다
나는 당신의 숲을 지키는 파수꾼이 될 것입니다
숲이 변하여 고목이 될 때까지

〈나는 당신의 갑옷입니다〉전문

이 시에서 순애보를 읽는 것 같다. 갑옷이 되어 평생을 지켜주는 파수꾼이 되겠다는 시이다.

사랑은 자기 희생이다. 몸과 마음의 파수꾼이 되겠다는 엄숙한 결의는 독자들의 가슴을 섬뜩하게 하고 있다.

그대를 지키기 위한 갑옷은 끝없는 사랑의 절정이다.

이 시는 읽을수록 생각과 의미를 주고 있다. 비유와 함축으로 이루어진 좋은 시이다.

백의의 천사를 노래하고 있는 시도 적절한 비유와 상징으로 독자들의 눈을 끌고 있다.

하얀 날개가 아름다워요
고이 접어 옷섶에 숨기니
천사인 줄 모르네
그대 펼친 손길은
아무나 할 수 있는 일이 아니죠
서러운 일 가슴에 묻고 사랑으로 불태우니
시커먼 숯덩이 되었네

남들은 몰라요
가슴속 숨겨진 아픔을
남몰래 흐르는 눈물은 성수 되어
생명의 꽃을 피웁니다
병들어 고통 받는 이들에게
천사의 날갯짓으로 절망에서 희망을 심는
그대는 정녕 하얀 천사
나의 사랑 나이팅게일

「하얀 천사」 전문

'하얀 천사'에서 간호사들을 비유했다. 그들의 사랑을 묘사하고 있다.

병원에서 생명을 구하기 위해 전력투구하는 간호사들의 사랑을 진솔하게 말하고 있다. 1연에서 간호사의 모습. 2연에서 4연까지는 간호사의 헌신적인 사랑을 묘사하고 있다. '천사의 날갯짓으로 절망에서 희망을 심는'이 구절은 가구(佳句)이다.

또 다른 사랑을 찾아 머나먼 길을 떠나 보자.

당신이 쏘아 보낸
큐피드의 화살은 내 심장을 정확히 맞추었소
내게 사랑의 바이러스를 심었으니
나는 열병으로 사경을 헤매네
사느냐 죽느냐는 오직 그대 손에 달렸으니
단숨에 내게로 달려와

당신의 뜨거운 입술로
내게 생명을 주오
거센 폭풍의 힘으로 바다를 뒤엎는
위대한 포세이돈은
바다의 여신을 사모하여
기꺼이 가슴을 열었소
영원히 식지 않는 욕망은
땅을 흔들고 용암을 분출하네
포세이돈은 잠들지 않는다
기다릴 뿐이다

「포세이돈」 전문

  여기에서도 사랑의 열병을 앓는다. 포세이돈은 그리스 신화에 나오는 지진의 신이고 바다의 신이다. 여기에서도 사랑의 열병을 앓는 그에게 사랑으로 치유하는 장면이 묘사되고 있다. 이 시에서 '욕망' '용암'은 식지 않는 사랑을 상징하고 있다. 이 시에서 사랑의 극치를 보는 것 같다.

  다양한 모습으로 다가오는 사랑의 시들은 우리에게 따뜻한 감동을 주고 있다. 여기에서 신준식 시인은 가슴이 따뜻한 사람이라고 단정할 수 있다.

2. 아름다운 삶에서 발견한 시

아름다운 삶이란 무엇인가? 자기를 비우고 다른 사람의 눈물을 닦아주는 삶이 아닐까?

시인은 아름다운 사회를 만들어 가는 사람이라고 본다. 의사가 병든 사람을 고치듯이 시인은 병든 사회를 건강하게 만드는 사람이라고 말할 수 있다.

> 버리고 비우니 이리 시원한 것을
> 버리지 못함은
> 욕심인가 미련인가
> 비우지 못함은
> 집착인가 아쉬움인가
> 버리고 또 버리니 아쉬울 것 없네
> 비우고 또 비우니 바랄 것도 없네
> 버릴 것 버리는 것은 당연지사
> 버리지 못할 것을 버리는 것은 진정한 용기
> 엉키고설킨 응어리 고름 짜듯 터트리니
> 아픔도 잠시
> 새살이 나네
> 비우니 채울 수 있구나!
>
> 〈비우니 채울 수 있구려〉전문

삶에서 보고 찾은 비움의 미학이라고 볼 수 있다. 비우면 이렇게 되살아날 수 있는 데, 비우지 못하고 있는 무거운 멍에를 지고 갈 수밖에 없다. 법정스님의 무소유가 생각난다. 고름 짜는 일이 쉬운 일은 아니다. 그러나 그것을 용기 있게 짜내야만 새살이 돋는다고 하였다.

생활이 곧 시가 되고 시가 생활인 셈이다.

생활에서 찾은 진리의 시 한 편을 살펴보자.

요행과 다행 속에 널뛰며 살았지
'설마'라는 놈한테 혼쭐 나서
당연한 것만 찾기로 했지
뿌린 대로 거두는 농사의 법칙
콩 심은 데 콩 나고 팥 심은 데 팥 나면
행운인 것을
만들지도 거두지도 않고
저절로 모이기를 바라는 욕심
투기꾼의 마음이지
다시 시작하는 거야
요행도 다행도 아닌
뿌린 대로 거두는 자연의 법칙으로

「자연의 법칙」 전문

일상생활에서 우리들은 요행을 기다리며 살아간다. '설마 잘 되겠지' 요행은 재난을 준다. 그러나 사람들은 저절로 많은 것을 이루어지기를 기다리는 투기꾼의 마음을 갖고 산다.

그러나 농부의 마음은 천심이다. '뿌린 대로 거두리라'는 생각을 갖고 열심히 일하기 때문이다. 누구나 알고 있지만 실천하지 않는 우리들을 위하여 기도하는 마음으로 쓴 교훈적인 시라고 볼 수 있다.

시간이라는 목마는
한 바퀴 도는 데 하루가 걸린다
작게 돌면 하루
크게 돌면 삼백예순다섯 날
목마를 타고 수천 바퀴 돌며
시간 여행한다
오르락 내리락
거친 숨 몰아쉬며
수없이 돌았다
함께 시간 여행하는 사람
몇이나 될까
처음부터 함께한 사람
중간에 내린 사람
도중에 합류한 사람
12마리의 목마 위엔
십이간지의 인연들이 있다
그 속에 사랑도 있고
배움도 있고
의리도 있다
삶이 고단코 아프다 하여
원점으로 돌아가 쉬려는가
원점이란 한번 떠난 화살처럼

거슬러 돌아갈 수 없다
모든 것은 변하는 것
세월도 젊음도 운명도
모두 그렇게 변한다
현재 보이는 것이 자신이고
행하는 것이 나의 삶이다
앞에서 날아오는 돌은 피할 수 있다
운명이니까
뒤에서 날아오는 돌은 피할 수 없다
숙명이기에
운명과 숙명
모두가 우리들의 삶이다

「운명과 숙명」 전문

시간의 흐름에 따라 우리들은 숙명처럼 살고 있다. 가기 싫어도 흘러가는 삶의 조감도이다.

자연의 섭리에 따라 늙어갈 수밖에 없다. 우리가 살아가는 것을 여행에 비유하고 있다. 천상병 시인은 이승에 온 것을 소풍 놀이라고 '귀천'에서 표현한 바 있다.

세월도 젊음도 시간의 흐름에 따라 변하고 있다. '현재 보이는 것이 자신이고 행하는 것이 나의 삶이다.' 지나간 시간은 돌아오지 않는 것, 원점은 찾을 수 없다고 하였다

인생무상이란 철학적 사유가 담겨져 있다. 스스로 자신을 성찰해 볼 수 있는 계기를 마련하고 있다.

사람은 누구나 갈망하고 싶은 게 있다. 여기에서 신준식 시인의 소망을 들어보자.

나에게 소망 하나 있지
지나온 세월 아쉬움 많아
남은 생을 더 잘 살고자 하는 마음
몸이 아프면 몸을 치유하고
기가 막히면 기를 뚫고
가슴에 맺힌 응어리 적이 되면 적을 푸는
풀고 치유하며
막힌 것을 뚫어 잘 흐르게 해주는
진정한 약이 되고파라
모든 것을 물 흐르듯
잘 흐르게 하는 의인이 되고파라

「소망」 전문

신준식 시인은 명의 중의 명의이다. 2연에서 몸을 치유하고 기를 뚫고 응어리를 풀고 하는 의인이 되고 싶다고 하였다. 지금도 잘하고 있지만 그것을 소망으로 생각하는 사랑의 시인이다. 이 시의 제목에서 말하는 내용이리라.

『맺고 풀고 하니 사랑이더라』 따스한 사랑이 녹아 있는 시이다.

3. 추억의 강에서 건져 올린 시

누구에게나 지나간 과거는 아름다운 추억으로 다가온다. 추억을 생각하는 것은 인생을 반추하는 일이기 때문이다.

흘러간 추억을 찾아내는 것은 흘러간 시계 바늘을 되돌려 놓는 것이 된다.

유년의 강으로 들어가 보자.

쨍그랑 쨍쨍
엿장수 지나간다
떨어진 고무신이나 머리카락 사요
사이다 콜라 맥주 빈 병도 가지고 와요
떨어진 과부 속옷도 좋구요
엿장수 너스레 떠는 소리
동네 아이들 모인다
엿 주세요
헌 고무신 한 짝 들고 온 아이
한 짝은 안돼
양짝 모두 있어야 돼
아저씨 쟤는 왜 많이 주고
나는 조금 줘유
야 인마
엿장수 맘이야
옛다 더 먹어라
쨍그랑 쨍쨍

엿장수 가위 치는 소리
떨어진 과부 속옷이나 고쟁이도 좋구요
빈 병 머리카락 찢어진 고무신 사요
엿장수 마을 지나면
과부댁 속 터진다

「엿장수」 전문

우리가 어렸을 때 엿장수를 기다리고 엿장수 가위소리를 들었을 때의 모습이 클로즈업되어 환하게 떠오른다.

먹을 것이 없던 시절 그 시절이 다시 돌아왔다.

빈병, 헌책, 고철, 삼베옷, 머리카락 등을 주고 엿을 바꿔 먹던 시절은 재미있었다.

여기에서 '과부 속옷'은 무엇을 상징할까? 독자들에게 생각할 여백을 두고 있다. 이런 시가 좋은 시라고 볼 수 있다.

마지막 행 '엿장수 마을 지나면 과부댁 속 터진다.' 해학적이고 작중인물의 심리묘사를 잘 나타내고 있다. 나도 모르게 웃음이 흘러나온다.

추억과 낭만이 흐르는 시를 살펴보자.

이국의 그리움이 내 가슴을 촉촉이 적신다
모두가 가고 싶어하는 곳
프라하의 다리 위엔 낭만이 있고 로맨스가 있다
만나는 사람끼리 뜨거운 포옹을 하고

석양의 붉은 띠 길게 드리워지면
연인들은 깊은 키스를 나눈다
거리낌 없이 사랑을 불태우는 곳
오늘 밤 그곳에 가고 싶다
저만치 걸어오는 여인을 기다리며

「프라하의 밤」 전문

이 시는 한마디로 낭만의 시다. 3연으로 되어 있고 3행으로 이루어진 시이다. 프라하는 체코의 수도이며 낭만이 흐르는 도시이다.

1연에서 지나간 추억의 프라하 다리를 그리워하고 있다. 2연에서는 사랑의 몸짓을 사실대로 묘사하였고 3연에서 여인을 그리워하며 그곳에 대한 그리움을 깔고 있다.

진솔하게 쓴 시는 독자들에게 호응 받을 수 있다. 눈 감아도 훤하게 떠오르는 프라하의 밤이 선명하게 나타난다.

역사의 추억으로 남을 낙화암 고란초가 말 없는 몸짓으로 다가온다.

백제의 혼이더냐 계백의 넋이더냐
바위틈에 끼여
모진 역사를 말하는 고란초
네 앞에 서니 옷깃이 절로 여미어진다
노객은 잠시 머물다 가지만

너는 천 년을 말하는구나
바람결에 흩날리는 너의 절규가
백제의 혼이 되어 허공을 깨우친다
천 년 후에도
당당히 그 자리에 있거라
돌아서는 노객의 가슴엔
뜨거운 용암이 흐른다

        「고란초」 전문

낙화암에는 백제의 슬픈 역사가 있다. 절벽에 붙은 고란초를 보고 상상의 나래를 펴서 '백제의 혼' '계백의 넋'으로까지 확장되어 간다.
 은유적인 표현으로 쓴 감성의 시는 읽을수록 감칠맛을 준다.
 고란초를 보고 이끌어내는 시적 능력이 돋보인다.
 어떤 사물이든지 지나쳐 보지 않고 시적으로 승화시킬 수 있다는 것은 시인으로서의 뛰어난 능력이라고 볼 수 있다.

진실이란 일어난 사실을
그대로 표현한 것이다

대화에는 반어법과 풍자법 비유법이 있다
겉으로 드러난 진실은 알아보기 쉬우나
숨겨진 진실은 알아내기 힘들다

서로에게 진실이 무엇이냐 물어도
솔직하게 말하는 사람은 흔치 않다

본뜻을 이해하고 그 속에 내포하고 이쓴
진실을 볼 줄 알아야 한다

그래서 진실은
진실이 아닐 수도 있다

「진실」 전문

  말 속에는 여러 가지 뜻이 들어있다. 말 때문에 싸움이 벌어지고 원수가 되기도 한다. 사람과 사람 사이를 이어주는 언어의 소통은 중요하다. 상대편의 진실을 찾아내기란 쉽지 않다. '대화에는 반어법과 풍자법 비유법으로 나타내기도 한다.'고 하였다.
  해석에 따라 화자의 진실을 오해하기도 한다.
  오늘을 살아가는 우리에게 본뜻을 이해하고 내포하는 의미를 찾아내는 게 중요하다고 하였다. 메시지 전달이 분명한 이 작품은 교훈적이다. 한마디로 진실대로 살아가자는 뜻이다.
  오늘날 말이 풍성하게 쏟아지고 있다. 그 속에 진실과 거짓이 섞여서 무엇이 옳은 말인지 분간하기 어렵다. 사실대로 표현하면 되는 일인데 거짓이 판을 치는 세상이 아닌가? 그런 뜻에서 이 작품은 시사하는 바가 크다.

  아침을 든든히 먹고 출근했다

바쁘게 일하다 보니 벌써 점심시간
구내식당 밥이 참 맛있다
뚝딱 한 그릇 비우니 배가 불끈

방송에서 사건 사고가 끊임없다
여기저기서 시위하느라 교통지옥이란다

배가 고프다
배는 부른데 배가 고프니
마음속에 채우지 못한 갈증이 있나보다
마음속 배고픔을 달래줄
좋은 처방은 없는가?

「배가 고프다」 전문

  이 작품은 현실을 그린 작품이다. 바쁘게 살아가는 모습이 나타나 있다. '배는 부른데 배가 고프다고 하였다.
  육체적인 면과 정신적인 면을 말하고 있다. 우리나라는 경제부국이다. 그러나 자살률이 세계 1위를 기록하고 있다.
  인간성이 황폐화 되고 있어 여러 가지 문제점이 많다.
  인성교육이 제대로 이루어지지 않고 있다. 가정교육, 사회교육, 학교 교육이 조화를 이루면서 이루어져야 하는 데 제대로 되지 못하니 사회의 여러 문제가 방송에서 활개를 치고 있다.
  신준식 시인의 갈증을 해결할 수 있는 방법은 과연 무엇일까?
  우리 모두 함께 살아가면서 서로의 부족함을 채워 주는 것이 아닐까?

그대 먼 하늘 바라보며
무슨 생각 하시나요?
저 푸른 하늘 너머엔 신의 세계가 있다고
믿고 기도하는 중이신가요?

저 흰 구름 흘러가는 곳 끝닿은 곳에
파라다이스 낙원이 있다고 생각하시나요?

꿈 깨요
정신 차리세요
세상에는 지상낙원 없어요
내가 노력하고 쌓아가는 대로
조금씩 발전하는 자연의 이치밖에 없어요

먼 곳에서 멋진 사람 찾지 마요
시나브로 당신 곁에서
모든 정성 쏟고 있는 나 여기 있어요
엉뚱한 곳 그만 보고 나를 바라봐요
나 여기 있어요

「나 여기 있어요」 전문

   이 시는 사뭇 따뜻하면서도 현실적인 메시지를 담고 있는 작품이다. 시의 중심 주제는 현실에 충실하며 가까이에 있는 소중한 것들을 생각하자는 것이다.

첫 연에서 하늘 너머를 바라보며 낙원을 꿈꾸는 사람들에게 "꿈 깨요, 정신 차리세요"라고 말하며, 인간이 꾸는 이상향의 허구성을 직설적으로 드러낸다. 이 부분은 독자들에게 생각을 환기시키는 강렬한 힘을 가지고 있다.

중반부에서는 "내가 노력하고 쌓아가는 대로 조금씩 발전하는 자연의 이치밖에 없다"고 말하며, 이상향은 노력과 현실 속 작은 성취를 통해 만들어진다는 메시지를 담고 있다. 이는 현실을 살아가고 있는 현대인들에게 중요한 교훈으로 다가올 수 있다.

마지막 부분에서는 이상향이나 멀리 있는 어떤 것을 추구하기보다는 가까이 있는 소중한 사람과 관계를 돌아보도록 제안한다. "나 여기 있어요"라는 반복은 애절하면서도 확고한 목소리로, 시 전반에 걸쳐 메시지를 나타낸다.

이 시는 철학적이면서도 감성적인 접근을 통해 독자들에게 중요한 메시지를 전달한다. 이상에 집착하기보다는 현실 속에서 감사할 수 있는 순간과 소중한 관계를 소중히 여기라는 메시지는 공감과 위안을 불러일으킨다. 시적 표현의 간결함과 깊이 있는 통찰력이 특히 돋보이는 작품이다.

5. 글을 마치면서

신준식의 시집 『맺고 풀고 하니 사랑이더라』와 최근 『월간 국보문학』에서 발표한 작품을 선정하였다.

시인은 인간의 내면을 다루는 의사이다. 세상을 내시경으로 들여다보고 병든 사회를 치유하는 사람이다. 그런 의미에서 많은 것을 제시하고 있다.

신준식 시의 특징을 살펴보면 다음과 같다.

첫째 한마디로 삶의 문학이다. 경험을 통하여 살펴보고 느낀 점을 새로운 의미로 부여하고 있다.

둘째 시의 바탕에 깔린 배경은 사랑이다. 시는 시인의 성정(性情)에서 나온다. 작가의 성품이 따스하기 때문이리라.

셋째 시가 쉽게 읽힌다. 그렇다고 쉽게 씌어졌다고 말할 수는 없다. 독자들에게 가까이 가기 위하여 시는 쉽게, 짧게 써야 한다는 것은 이 시대가 요구하는 사항이다.

넷째 신준식의 시는 삶에 대한 네비게이션이라고 말할 수 있다.

신준식 시집에는 인간애 대한 철학적 사유가 들어 있다.

시의 궁극적 목표는 독자에게 감동을 주는 데 있다.

인간들의 내면세계를 진맥하는 신준식의 시에서 인간의 참모습을 발견할 수 있을 것이다.

신준식의 시는 '순수와 사랑의 스펙트럼에 비추어진 窓'이라고 볼 수 있다. 여러 갈래로 뻗어나가는 사랑의 빛이 세상을 따스하게 만들고 있기 때문이다.

참신한 이미지가 낳은 서정시의 금자탑

구해연 첫 시집 『비 오는 날의 포장마차』

1. 깊은 사유와 감각적 언어로 길러 올린 서정시

작가의 혼이 담긴 작품집을 대하면 가슴이 설렌다. 그 작가의 모습을 상상할 수 있기 때문이다.

구해연 시인의 첫 시집 『비 오는 날의 포장마차』를 읽고 있으면, 내 몸과 마음이 촉촉이 젖는다. 제목처럼 서정시의 낭만을 만끽할 수 있는 시집이다.

좋은 시는 감성이나 사유, 감각이 얼마나 새로운가에 따라 그 시의 가치를 느낄 수 있다. 모름지기 시란 창의력과 상상력을 얼마나 새롭게, 개성 있게 표현하느냐가 관건이다.

구해연 시인의 작품은 여기에 부합한다.

구해연 시인은 뛰어난 시적 감각과 탁월한 언어 조탁 능력을 갖춘 시인이다.

아무리 멋있는 수사일지라도 내용이 비어있으면 독자는 한눈에 알아보게 된다. 구해연 시인의 작품집에서는 알이 꽉 찬 배추처럼 부족함을 찾을 수 없을 정도로 우수한 작품들을 선보이고 있다. 오랜 교직 생활과 연륜에 반듯한 이미지까지 더해서 시 속에 녹여내고 있다. 연륜에서 이루어 낸 곰삭은 맛과 은은한 향기를 뿜어내고 있다.

  시집『비 오는 날의 포장마차』는 존재에 대한 깊은 성찰과 언어를 세공하는 섬세한 내공이 없으면 만들기 어려운 작품집이다. 작품 곳곳에서 담백한 시적 사유가 눈길을 끈다. 복잡하지 않은 구조 속에서 주제를 부각하는 표현력이 남다르다. 시인의 생활 태도는 그 성품에서 인격에서 비롯되며, 사물을 보는 안목을 한층 더 높여주고 있다. 작품집에 수록된 시 속에는 생활 현장에서 진지한 사색을 통해 창작한 작품인 만큼 메시지를 전달하는 능력도 돋보인다. 한 작가의 작품을 두고 이미지의 창출이나 표현, 언어의 역량을 평가한다는 것은, 어려운 일이다. 객관적 입장에서 느낌을 가감 없이 서술하고자 한다.

2. 개성적인 사유의 얼굴을 보다.

  빗장 없는 산사에
  문을 밀고 들어선다
  시간은 멈춘 듯 적막하고
  흰 고무신 두 짝 댓돌 위에
  정갈한 모습으로 앉아

참선한다
추녀 끝 풍경은 바람에
몸 때려 울고
나는 누군가를 기다리며
하루를 보낸다
밤엔 골짜기에 널려 있는
달빛과 별빛은 고요히 흐르고
백팔 계단 오르내리며
번뇌 끊으려 애쓴다
산사의 새벽
정갈한 참승의 비질 소리에
마음의 땟자국 쓸어버리고
침묵의 아침을 맞는다.

「산사에서」 전문

  고요하고 평화로운 산사의 풍경을 묘사하며, 참선과 자기 성찰의 과정을 담고 있다.

  적막하고 고요한 산사에서의 시간은 멈춘 듯하며, 풍경 소리와 자연의 아름다움을 통해 일상의 번뇌를 벗어나려는 시인의 노력이 돋보인다.

  산사의 새벽, 참승의 비질 소리는 마음의 때를 씻어내는 상징이다. 침묵 속에서 맞이하는 아침은 깨달음과 평온함을 상징하고 있다. 이 시를 통해 시인은 자연과의 조화, 내면의 평화를 강조하며 번뇌를 끊고자 한다.

산사에서 참승의 비질 소리를 들으며 깨달음을 추구하는 과정을 아름답게 그려내고 있다. 간결한 표현 속에서도 깊은 철학적 사유와 자연에 대한 애정을 느낄 수 있는 깔끔한 작품이다. 개성적인 묘사로 나타낸 부분은 '빗장 없는 산사에/문을 밀고 들어선다.'

"흰 고무신 두 짝 댓돌 위에/정갈한 모습으로 앉아/참선한다."이 구절에서 서정시의 진수를 보게 된다. 시적인 묘사가 독특하다. 속세를 벗어나고자 하는 모습이 눈에 선하게 나타난다. 시를 끌고 가는 힘도 예사롭지 않다. 좋은 시는 남과 다른 나만의 묘사이어야 한다. 이런 점에서 구해연 시인은 탁월한 능력을 갖고 있다.

뙤약볕 앞세우고
찾아온 무더위
파도는 뜨거운 몸짓으로 다가와
갯바위에 던지고
돌아보지 않는다
바람은 바다 냄새를 가져다
내 코끝에 전하고
허공을 이리저리 꿰매는
갈매기처럼
바다와 하늘이 마주 보는
공간 안에 안기고 싶다
노을은 바다에 물들였다 가고

   수평선 아득한 그 너머까지
   어둠에 묻히면
   등대는 불을 켠다
   밤새 뒤척이던 파도는
   모래밭에 그림 그려놓고
   바닷가 풍경은 한 폭의 수채화 보듯
   내 영혼까지 헹군다
   인생도 파도처럼 밀려갔다 밀려오듯
   우리의 삶을 닮은 것 같다
                       「인생도 파도처럼」 전문

  바다와 자연을 통해 인생의 흐름과 감정을 표현하고 있다. 첫 연에서는 무더위와 파도의 뜨거운 몸짓을 통해 여름의 강렬함을 느끼게 하며, 바다와 하늘의 조화로운 공간에서 안식하기를 갈망한다.

  두 번째 연에서는 노을과 등대의 이미지를 통해 시간의 흐름과 어둠 속에서도 희망의 빛을 찾는 모습을 그린다. 마지막 연에서는 파도가 모래밭에 남긴 그림을 통해 인생의 순간들이 쌓여가는 과정을 비유적으로 나타내며, 인생도 파도처럼 밀려오고 밀려가는 변화무쌍함을 담고 있다. 전체적으로 자연의 아름다움과 인생의 덧없음을 동시에 느끼게 하며, 독자에게 깊은 사유를 끌어내는 작품이다. 바다와 파도를 통해서 인간의 고뇌를 내면 깊숙이 나타내고 있다. 세상 혹은 삶을 사각의 틀 속으로 끌어들이고,

다시 언어화하는 기법이 이채롭다.

'바닷가 풍경은 한 폭의 수채화 보듯/내 영혼까지 헹군다.'에서 바다와 파도를 자신의 시점으로 옮기고 있다. 촌철살이의 교훈을 주고 있다.

인생 여정과 삶의 참모습을 나타내기 위해 바다와 파도를 상관물로 삼았다.

쉴 틈 없이 빠르게 움직이는 사람들
손안에 작은 기기 하나가
세상을 바꿔 놓았다
입은 닫고 손가락이 열렸다
웃게도 하고 화나게도 한다
삶을 삭막하게 하는
무서운 물건
사람 사는 냄새가 없다
종이와 잉크 책이
풍기는 냄새도 이제 그것마저
아날로그 유산이 되었다
느리고 잔잔하면서 포근한 느낌
가끔 아날로그 시대가 그립다
세상이 딸꾹질하고 있다

「아날로그 시대가 그립다」 전문

이 작품은 빠르게 변화하는 디지털 시대와 그로 인해 잃어버린 아날로그적 감성을 묘사하였다. 손안의 작은 기기가 세상을 완전히 바꿔 놓았다. 현실을 잘 반영한 작품이다. 급변하는 세상에서 신천지가 열린 듯 갑자기 디지털 세상이 열렸다. 아날로그로 살아왔던 구세대 사람들은 감당하기 어렵게 됐다. 편리하고 빠른 것은 좋은 일이지만, 독서를 즐기며 가끔 손 편지를 써서 소식 전하던 그때가 그립다. 인간미가 넘치던 그 세상을 그리워하고 있다. 어른 세대에서 쉽게 공감이 가는 작품이다.

사람 사이에 오가던 온기가 사라지고 인간 냄새도 같이 사라져 갔다. 그때 그 시절이 그립기만 하다.

디지털 기기는 웃음과 기쁨, 분노 등 인간의 감정을 쥐락펴락 조종한다. 인간은 속도감이나 편리함에 끌려 그 기기에 빠져들게 된다.

마약에 취한 듯 인간 세계는 온통 디지털 문화 일색이다. 손안에서 세상을 보고, 책을 읽고 쇼핑도 한다. 그러나 이런 위대한 디지털 기기는 그 대가를 톡톡히 받아 갔다. 바로 그 귀한 인간미를 가져가 버렸다. 구수한 숭늉 같았던 인간 냄새가 사라진 지 오래되었다.

종이와 잉크로 인쇄된 책에서 느껴지는 아날로그의 따뜻함과 느림, 그리고 포근함이 그리워지는 순간에 대한 묘사가 특히 인상적이다.

시인은 디지털 세계가 주는 편리함과 효율성 속에서 가끔 아날로그 시절의 느림과 잔잔함을 그리워하고 있다.

"세상이 딸꾹질하고 있다"는 표현은 빠르게 움직이는 디지털 시대에 적응하지 못하거나, 그 속에서 느끼는 불편함과 혼란을 은유적으로 나타내었다. 개성적인 표현이다.

전체적으로 이 시는 현대 사회의 빠른 변화 속에서 잃어버린 인간미와 아날로그적 감성에 대한 향수를 잘 담아내고 있다. 이에 따라 독자들에게도 깊은 공감을 부르는 작품이다.

기계화 되어가고, 물질 만능 시대로 변화하는 현실의 안타까움을 개성적으로 끌고 나가고 있다.

거친 삶 가운데
하루 마감하고
무거운 발걸음으로 돌아서니
가로등도 힘들어 보인다
담 모퉁이 바퀴 없는 포장마차
갓 없는 백열등은 어둠 삼키며 졸고 있고
삶의 이야기들로 차 있는 공간
따뜻한 국물에 마음 녹인다
외로움과 고달픔을 털어놓으며
소박한 정을 나눌 수 있는 곳이다
술잔의 주기가 넘쳐흐르면
각자 이야기들은 밤거리를 달리고
가물가물한 의식은 안갯속을 헤매듯

지나가는 바람에게도
술잔을 권할 넉넉한 마음이다
희미한 불빛에 타들어 가는 시간은
까만 밤으로 점점 익어가고
천막 위에 떨어지는 빗소리는
귓가에 머문다
비 오는 날
포장마차는 고달픔을 털어내는
그리움이다

「비 오는 날의 포장마차」

　「비 오는 날의 포장마차」는 거친 삶 속에서 작은 위안을 찾는 공간으로서의 포장마차를 따뜻한 시선으로 그려낸 작품이다.
　이 작품은 하루를 마감한 주인공의 '무거운 발걸음'에서 시작된다.
　힘겨운 삶의 여운이 그대로 묻어난 이 장면은 '가로등도 힘들어 보인다'라는 의인화법을 통해 더욱 강조된다.
　화자는 어둡고 쓸쓸한 밤거리 속에서 삶의 고단함을 은유적으로 표현하며, 독자에게 깊은 공감을 불러일으킨다.
　포장마차는 단순한 먹거리 공간이 아니라, "삶의 이야기들로 차 있는 공간", '소박한 정을 나눌 수 있는 곳'으로 묘사된다. 국물 한 모금에 마음을 녹이고, 술잔을 기울이며 외로움과 고달픔을 털어놓는 모습은 도시의 밤을 살아가는 사람들에게 익숙한 장면일 것이다. 특히 '지나가는 바람에게도 술잔을 권할 넉넉한 마음'이라는 표현은 술자리에서의 해방감과 포장마차가 주는 따뜻한 분위기를 잘 드러내고 있다.

마지막 연에서 "비 오는 날/포장마차는 고달픔을 털어내는/그리움이다"라고 마무리했다.

이 작품은 이 시집의 표제작으로 단순한 공간을 넘어 정서적 위로의 장소로서 포장마차를 형상화한다.

포장마차에서 나누는 한 잔의 술, 한 마디의 대화가 단순한 기분 전환을 넘어, 삶의 무게를 잠시 내려놓게 하는 소중한 순간임을 깨닫게 해준다.

이 시는 소박한 언어로 삶의 애환을 담담하게 풀어내면서도, 깊은 감성을 전달한다.

비 오는 날 포장마차에서 느낄 수 있는 쓸쓸함과 따뜻함이 한 편의 그림처럼 펼쳐지며, 독자로 하여금 자신의 기억과 감정을 떠올리게 만든다. 삶의 무게에 지친 이들에게 작은 위로가 되는 작품이라고 말할 수 있다.

우리가 삶에서 맞닥뜨릴 수밖에 없는 충돌과 경쟁, 피할 수 없는 만남을 흔히 접할 수 있는 상관물을 통해 효과적으로 형상화하고 있다.

기운을 손끝에 모아
백지에 생명을 불어넣는다
긴 수염으로
까만 살점 토해내며
백지 위에서 춤을 춘다
진한 먹물과 연한 먹물로
생명력 넘치는 꿈틀거림
찍고 누르고 흔들며
까만 몸 굴린다
한번 움직이면
산이 되고 강이 흐른다
여백을 남기면서
헤엄치듯 다닌다

「붓」전문

이 작품은 붓과 먹을 사용해 예술을 창조하는 과정을 생동감 있게 그려내고 있다.

붓을 다루는 행위가 백지에 생명을 불어넣는 행위로 묘사했다. 진한 먹물과 연한 먹물을 사용해 다양한 색감과 생명력을 불어넣는 모습이 아름답게 묘사되었다. 붓의 움직임이 드디어 산과 강을 만들어 냈다.

창조적 상상력으로 구체물을 의인화하여 생동감 있게 표현했다. 사실적 체험을 바탕으로 구체물을 서정적으로 녹여내고 있다. 언어의 조탁 능력이 탁월하다. 마치 붓이 살아 움직이는 것 같은 착각이 들게 한다. 한 편의 시와 한 폭의 그림이 되어 독자의 가슴에 스며든다.

서정시의 표현은 예술가의 창조적인 힘을 잘 나타내고 있다.

시의 각 행은 예술가의 손끝에서 태어나는 새로운 세계를 상상하게 한다. 붓의 춤과도 같은 움직임이 백지 위에서 펼쳐지며, 여백을 남기면서도 풍부한 표현을 보여주는 시의 흐름은 자연스러우면서도 생동감이 넘친다.

이 시는 예술 창작의 순간과 그 과정에서 느껴지는 생명력, 그리고 여백의 미를 잘 담아내어 독자에게 감동을 전하고 있다.

시인이 전하고자 하는 예술의 본질과 창작의 힘을 깊이 느낄 수 있는 작품이다.

시인의 체험을 통해서 나타낸 작품이며 개성적인 묘사가 돋보인다.

붓을 통하여 내면세계와 역동적 미를 완벽하게 나타내고 있다.

"한번 움직이면/산이 되고 강이 흐른다" "여백을 남기면서/헤엄치듯 다닌다."

이 시의 주제가 되는 부분이다.

앙상한 가지 끝으로
휘파람 불듯 바람이
빈 내장까지 흔들어

내 곁에 슬며시 와 앉는다
바라는 꿈들 허공에 떠돌고
빨리 오라고 손짓하는
세월이 얄밉다
어느새 돋보기 친구는
콧잔등에 날렵하게 앉아 있고
기억들 길 잃은 채 허우적인다
마음속 거울을 닦아 보지만
또 흐려진다
고장 난 시곗바늘처럼
가다 서서 머물고 또 가다 주저앉는다
마른 삭정이 같은 가슴 되어
모든 것들 저만치 가고 있다
훗날 나의 뜰 노을이
찾아 들면
한 그루 나무 되어서
속으로 심지 돋우어
그 자리를 지키고 싶다

「나의 뜰에 노을이 찾아들면」 전문

   세월의 흐름 따라 찾아든 고독과 내면의 갈등을 깊이 있게 표현하고 있다.

   시의 첫 부분에서 "앙상한 가지 끝으로"라는 구절은 생명력의 상실과 고독을 상징적으로 나타내고 있다.

   바람이 빈 내장까지 흔들다.는 표현은 외로움과 공허함을 강조하고 있다.

"바라는 꿈들 허공에 떠돌고"라는 구절은 희망과 꿈이 현실에서 멀어져 있음을 암시한다.

나이가 들면 인간은 절대 고독 속에서 허무, 공허, 그리움 등 내면에 잠자고 있던 자아가 고개를 든다.

"세월이 얄밉다"는 표현은 그 대표적인 감정이다. 저녁노을을 보면서 인생의 황혼을 맞은 화자가 느끼는 감정을 가감 없이 표현했다.

돋보기안경 너머로 희미하게 보이는 사물처럼 기억력도 희미하다. 가다, 서기를 반복하며 시간의 무상함과 그로 인한 불만을 드러낸다.

이러한 감정은 시 전반에 걸쳐 지속되며, "기억들 길 잃은 채 허우적인다"라는 구절은 과거의 기억이 현재의 삶에 영향을 미치지 못하고 있음을 나타내고 있다.

시의 후반부에서는 "훗날 나의 뜰에 노을이 찾아들면"이라는 희망적인 구절로 전환된다. 이는 고독과 상실의 감정 속에서도 미래에 대한 기대와 소망을 품고 있음을 보여줍니다. "한 그루 나무 되어서"라는 표현은 안정과 지속성을 상징하며, 결국 자신의 정체성을 찾고자 하는 의지를 나타낸다.

전체적으로 이 시는 고독과 상실, 그리고 그 속에서의 희망을 탐구하며, 독자에게 깊은 감정을 불러일으킨다.

시인은 내면을 성찰하며, 결국에는 삶의 의미를 찾고자 하는 모습을 보여주고 있다. 이러한 주제는 많은 이들에게 공감될 수 있는 보편적인 감정으로, 시의 힘을 더욱 돋보이게 한다.

하늘을 쳐다보니
말을 건다
애착을 놓아야 한다고
손안에 쥐고 있던 모든 것들
시간이 지나면서
하나씩 손가락 사이로
빠져나갔다
부모님도
갈 길로 간 자식들도
내 젊음도
세월 따라 모두 손가락 사이로
모래처럼 빠져나갔다
행복했던 날들은
빠르게 흘러가 버리고
끊임없이 일렁이는
저물녘 바다가 되어 있다
올해 십이월의
붉은 달마저 지고 나면
추운 가슴속엔
허기진 마음만 남는다

「세월이 안겨준 슬픈 일들」 전문

이 작품은 시간이 흘러감에 따라 인생의 중요한 것들을 하나씩 잃어가는 슬픔과 그리움을 표현하고 있다.

　손안에 쥐고 있던 것들이 모래처럼 빠져나가는 모습을 보고, 인생무상을 느끼고 있다. 한 해의 끝자락에 서서 뒤를 돌아보며 또 하늘을 쳐다본다. 하늘을 우러러 그 하늘과 하나 되어 말을 걸고 감정을 이입한다.

　시 쓰기는 개인적인 일이나 인쇄를 통한 발표라면 개인을 벗어나게 된다. 이는 타인의 가슴에 다가와 감동과 공감을 불러일으켜야 하기 때문이다.

　시인의 구체적이고 진정성 있는 노력에 따라 감동의 크기도 달라진다.

　시 전반에서 삶에 대한 애착과 덧없는 세월이 흐름을 안타까워하는 심정이 절절하다.

　부모님 떠나보내고, 자식들도 짝을 찾아 제각각 떠났다. 더욱 중요한 것은 세월이 젊음도 가져가 버린 것이다. 감정의 흐름이 손에 잡힐 듯 곁에서 보고 있는 듯 잔잔하게 흐르고 있다.

　행복했던 날들이 빠르게 흘러가 버리고, 저물녘 바다가 되어 있는 모습은 시인이 느끼는 쓸쓸함과 공허함을 나타낸다.

　특히, "올해 십이월의 붉은 달마저 지고 나면 추운 가슴속엔 허기진 마음만 남는다"는 구절은 깊은 슬픔과 허무함을 묘사하고 있다.

이 작품은 인생의 덧없음과 시간의 흐름 속에서 느끼는 상실과 그리움을 절절하게 담아내어, 독자들에게 깊은 감동을 전해주고 있다.

화자는 애착을 놓아야 한다는 메시지를 통해, 인생의 자연스러운 순환과 받아들임의 중요성을 강조하고 있는 작품이다.

'부모님도/갈 길로 간 자식들도/내 젊음도/세월 따라 모두 손가락 사이로/모래처럼 빠져나갔다.'

여기서 인생의 허무감을 극대화했다. 구해연 시인은 시어를 자유자재로 운용하는 능력이 돋보인다.

온 세상 꽁꽁 얼었다
차가운 바람에
가로등 불빛도 얼어서 흔들린다
겨울나무는 다 내려놓고
빈 몸으로 당당히 서 있는데
여윈 나뭇가지 흔들림에
몸의 폐부 깊은 곳을 찌른다
세월은 소리 없이 나에게
매질하며 따라오라 손짓하고
내 속엔 서툴고 익지 못한 시어들 웅크리고 앉아
숙성되지 않은 채
여윈 가지 흔들리듯
바깥세상 나오려 안간힘 쓴다
저문 시간 사이로

하얗게 피어나는 이야기들
어떻게 색질해야 하는 생각에
오늘도 헛웃음으로
허공만 긁는다
「어설픈 내 언어들」전문

이 작품은 겨울의 차가운 풍경을 배경으로, 인간의 내면과 감정을 깊이 있게 탐구하고 있다.

첫 연에서는 얼어붙은 세상과 그 속에서 흔들리는 가로등의 불빛을 통해 외부 세계의 고요함과 불안정함을 동시에 표현하고 있다.

겨울나무의 모습은 비어있지만 당당하게 서 있는 존재로, 고난과 역경 속에서도 꿋꿋이 버티는 인간의 모습을 상징한다.

두 번째 연에서는 세월의 흐름과 그에 따른 내면의 갈등을 드러내고 있다.

'매질하며 따라오라 손짓하고'라는 구절은 시간의 압박을 느끼는 동시에 그 속에서 자신이 아직 준비되지 않았음을 고백하고 있다.

'서툴고 익지 못한 시어들'은 창작의 어려움과 불안함을 나타내며, 여윈 가지가 흔들리는 모습은 그 불안정한 상태를 더욱 강조한다.

마지막 연에서는 '하얗게 피어나는 이야기들'이 등장하는데,

이는 새로운 가능성과 창작의 욕망을 상징하고 있다. '어떻게 색칠해야 하는 생각에'라는 구절은 그 가능성을 실현하는 데 있어 고민과 망설임이 있음을 보여주고 있다. 결국, '허공만 긁는다'는 표현은 이러한 갈등과 불안 속에서 느끼는 무력감을 잘 드러내고 있다.

전체적으로 이 시는 겨울의 차가운 정경을 통해 인간의 내면적 갈등과 창작의 어려움을 섬세하게 묘사하고 있다.

구해연 시인은 작품의 늪으로 독자를 끌고 가는 힘이 있다. 독자 역시 작품으로 들어가 자신의 감정과 경험을 되돌아보게 된다.

시의 언어는 간결하면서도 깊이 있는 이미지를 통해 독자의 상상력을 자극하며, 겨울의 정적 속에서 느끼는 내면의 깊은 것을 찾아내고자 한다.

늘 고민하면서 창작하는 작가의 모습이 선명하게 떠오른다.

　　오월의 호젓한 들 길
　　향기 안고 하얀 미소 지으며
　　나를 반긴다.
　　연한 가시로 온몸 감싸안고
　　얼기설기 덤불에 둥지 틀어 앉아
　　앙증맞은 작은 꽃으로
　　해맑은 웃음 지으며 반기는
　　순백의 사랑이다

아련한 추억
고향 불러오는 향기
찔레는 우리를 유혹하며
배고플 때 따서 먹던 꽃이었다
마음은 그때 그대로인데
세월은 나를 이만큼 데려다 놓고
바람에 실려 온 향기는
그리움 되어 나를 가두어 놓는다
햇살 쏟아진 들길에 핀 찔레꽃
언제나 그리워지는
내 어린 시절의 어머니 같은 꽃이다

「찔레꽃」전문

이 작품은 오월의 평온한 들길에서 느끼는 자연의 아름다움과 어린 시절의 추억을 담고 있다.

찔레꽃은 순백의 사랑과 향기, 그리고 고향의 아련한 추억을 상징하며, 시인의 어린 시절과 어머니에 대한 그리움을 나타낸다.

연한 가시와 작은 꽃으로 이루어진 찔레꽃은 순수하고 따뜻한 사랑을 의미하며 평온함을 상징한다.

찔레꽃을 따서 먹던 어린 시절의 추억은 시인에게 있어서 소중한 기억으로 남아있다.

바람에 실려 오는 향기는 그리움을 자극하며, 시인은 그 향기 속에서 잃어버린 시간을 되돌아보게 된다. 마지막 구절에서 찔레꽃은 어린 시절의 어머니와 같은 존재로 묘사되며, 언제나 그리운 존재로 자리 잡고 있다.

  이 시는 자연과의 조화, 어린 시절의 추억, 그리움과 사랑을 아름답게 담아내어 독자에게 깊은 감동을 전해준다.

  시인의 감정과 경험을 통해, 우리는 자연의 소중함과 사랑의 의미를 다시금 되새겨볼 수 있다.

  한마디로 상큼한 느낌을 주는 작품으로 완성도가 높다.

  짓궂은 바람이 몰래 와서
몸을 두드린다
놀란 물고기 한 마리
처마끝 종을 업고 매달려
세상 내려다 본다
바람의 언어로 내는 풍경소리
아픔 도려내고 걸어 내는 소리다
바다 떠나온 물고기
그곳이 가슴 저리도록 그리워
바다 같은 푸른 하늘 보며
파도의 울음을 되새겨 본다
몸뚱이에 녹슨 비린내
바람에 떨어지고 그리움 안고 매달려
마음껏 헤엄쳐 다니던 그 바다를 생각한다
눈 아래 세상 초록 바람이

잔잔한 물결로 일렁이고
그리움들 스쳐 가는 바람에 실어 보낸다
오늘도
처마 끝에서 종을 입고 매달려
바람의 언어로 소리 내며
세상 내려다본다

「풍경이 된 물고기 소리에 젖다」

  산사 처마 끝에 매달려 풍경소리를 내는 물고기를 보고 수준 높은 문학 작품으로 창조해 냈다. 놀라운 관찰력이다. 시인은 남이 보지 못하는 것을 볼 수 있고, 또 들을 수 있어야 한다.
  시인의 상상력은 대상을 내면으로 끌어들여 감정 이입을 통해 재구성하게 된다. 시상을 펼치는 솜씨나 언어 구사 능력이 뛰어나다.
  이 시는 바람과 풍경, 물고기라는 상징적 이미지를 통해 떠남과 그리움, 그리고 삶의 성찰을 섬세하게 그려낸다.
  시의 첫머리에서 '짓궂은 바람이 몰래 와서 몸을 두드린다.'라는 표현에서 바람은 단순한 자연 현상이 아니다. 이는 운명적 변화나 시련을 예고한다.
  바람이 불 때마다 울리는 풍경 소리는 '아픔 도려내고 걷어 내는 소리'로 표현되며, 단순한 울림이 아니라 정화와 치유의 의미를 지닌다.

이 시에서 물고기는 처마 끝에서 종을 업고 매달려 있다. 이는 자신의 본래 자리(바다)를 떠나 어쩔 수 없이 다른 공간에 머무는 존재로 해석할 수 있다.

"바다 떠나온 물고기 그곳이 가슴 저리도록 그리워"

이 부분에서 물고기는 단순한 생물이 아니라, 고향을 떠나온 사람, 혹은 지나간 시간을 그리워하는 존재로 변모한다.

이제 물고기는 바람이 불 때마다 울리는 풍경이 되었다. 그 울림은 단순한 소리가 아니라, 그리움과 지난 시간의 흔적이 스며 있다. 특히, "몸뚱이에 녹슨 비린내 바람에 떨어지고 그리움 안고 매달려"에서 시간이 흐르며 변해가는 존재의 모습을 생생하게 그려낸다. 한때 바다에서 자유롭게 헤엄치던 물고기는 이제 처마 끝에서 바람에 흔들리며 자신의 과거를 떠올린다.

이 시는 과거에 대한 그리움과 현재를 받아들이는 태도, 그리고 존재의 변화를 섬세하게 표현한 점이 돋보인다.

단순한 사물의 관찰을 넘어, 삶과 기억, 그리고 존재의 변화에 대한 깊은 성찰을 담고 있다. 떠나온 공간을 그리워하면서도, 현재 머무르는 자리에서 자신의 소리를 내는 것, 이것이야말로 삶의 또 다른 모습이 아닐까.

서걱거리는 늦가을은
널브러져 있고
바람에 그네 타며 오락가락한다

몸은 점점 여위어 가고
침묵 속에 긴 그림자 되어 서 있는 사이로
거센 바람 소리 지르며 달려든다
언제쯤 내 운명이 바뀔지 모르는 삶
불안을 안고 조마조마하게
하루하루를 보낸다
누구를 위한 삶인가
그늘과 양지에서 푸석푸석 한 채
아픔 안고 매달려 몸살 앓고 있다
긴 시간
목 잘린 채 함께했던 친구들
아픔 나눈 그때의 잔향은 남아 흐르고
알몸으로 매달린 채
오늘도 바람에 뒤척이며 요동치고 있다

「시래기」 전문

  시래기가 줄에 매달려 말라가는 장면에서 인생으로 확장하여 그 정서를 독자에게 전하고 있다. 서정시의 진수를 보는 듯하다.
  현장감이 강하게 다가온다. 적절한 시어의 선택은 작품성을 높이고 있다.
  늦가을의 쓸쓸함과 불안한 삶의 고통을 시들어 가는 시래기를 통하여 여지없이 드러내고 있다.
  가을이 되고 겨울이 오는 계절에 점점 여위어 가는 시래기는 바로 인생의 모습이다. 거센 바람 소리 속에서 내 운명이 어떻게 바뀔지 모르는 불안감을 안고 조마조마하게 하루하루를 보내는 모습이 인상적이다.

  시의 중간 부분에서 삶의 무상함과 고통을 강하게 드러내고 있다. 그늘과 양지에서 아픔을 안고 몸살을 앓는 모습은 인생의 고단한 모습이다.

  목 잘린 채 함께했던 친구들과의 추억은 아픈 기억으로 남아 흐른다. 바람에 흔들리는 모습은 인생의 불안정성과 고통을 극적으로 묘사한다.

  이 시는 삶의 불확실성과 고통, 그리고 그 속에서 느끼는 쓸쓸함을 잘 담아내고 있다. 시인의 감정을 통해 우리는 인생의 무상함과 그 속에서 찾아야 할 의미에 대해 생각하는 계기가 될 것이다.

    밤으로 가는 길목
    잔 빛 쓸던 노을 앞에 서니
    골목이 휘돌아 온 바람이 등을 떠민다
    어제의 내가 시간에 뒤척이면서
    많은 생각들은 공기 속에 녹아있고
    지난 기억들이 축축하게 달라붙는다
    인연을 뒤에 두고 온 지금 주름진 세월 안고
    현관에 들어서니 휑하니 빈집
    반겨주는 사람 없어 쓸쓸함만 저벅거린다

세월이 그려놓은 흔적들
버리지 못한 살림들은 숨죽이고
깨끗이 목욕한 이불들 장 속에 고이 접혀
곁눈질하며 나를 쳐다본다
초저녁 별빛에 가슴 쓸어내리고
어둠 내린 집 창문으로 들어온 바람
방황하는 나를 위로한다
펄럭이던 우울의 옷자락을 접고
홀로서기 해야 하는 마음 다지며
흐르는 밤의 강물에 나를 담근다

「쓸쓸함이 저벅거리는 날」전문

인생의 쓸쓸함과 고독감이 시적 분위기를 최고조에 이르게 한다. 시인은 저물어 가는 하루와 함께 인생도 이와 같음을 느끼며 저녁과 자아가 일체를 이룬다.

바람에 등을 떠밀리며 골목을 지나가는 모습은 인생의 여정을 은유적으로 나타내었다.

과거의 기억들과 생각들이 현재의 자신에게 영향을 미치고 있으며, 세월의 흐름 속에서 느끼는 허무함과 쓸쓸함이 고스란히 전달되었다. 특히, 현관에 들어섰을 때의 느낌은 절절하다. 일인 가구가 늘어나는 시점에 적절한 시어의 선택이다. '휑하니 빈집'이라는 표현은 혼자 사는 쓸쓸함을 한마디로 표현했다.

세월의 흔적과 버리지 못한 물건들은 시인의 지난 삶을 상징하고 있다. 창문으로 들어온 바람이 방황하는 시인을 위로하는 장면에서 고독 속에서 위안과 희망을 암시하고 있다.

마지막 구절에서 우울의 옷자락을 접고 홀로서기를 다짐하는 모습은 시인이 고독을 이겨내고자 하는 의지로 보인다.

이 시는 인생 말년의 고독감을 깊이 있게 담아내고 있다. 시인의 감정을 통해 우리에게도 위로와 희망의 메시지를 전하고 있다.

3. 서정시의 금자탑을 쌓다

구해연의 첫 시집 『비 오는 날의 포장마차』에는 감각적 언어와 짜임새 있는 구성으로 뛰어난 시 정신이 엿보인다.

제1편에서 20수, 제2편에서 20수, 제3편에서 20수, 제4편에서 20수, 제5편에서 25수 총125수로 이루어져 있다.

삶의 모습을 개성적인 묘사로 나타내어 시적 미감을 높이고 있다. 그뿐만 아니라 행과 연의 유기적 조화와 이미지 전개 능력도 돋보인다. 비유와 상징, 치환으로 이끌고 있어 시적 기교도 빼어났다.

위대한 자연 앞에서 자신을 관조하는 모습을 보노라면 엄숙하기 그지없다.

우울한 환경 속에서도 희망의 메시지를 던지고 있다는 점은 긍정적이다.

 번뜩이는 상상력과 창조력으로 빚어낸 이 작품집은 독자에게 공감을 주기에 충분하다.

 인정이 메말라 가는 시대이기에 구해연 시인의 서정시가 가뭄에 단비처럼 촉촉이 젖어 들 것이다. 작품집을 읽노라면 그 속에 함몰되어 물아일체의 세계에 빠지리라 믿는다.

 시집『비 오는 날의 포장마차』는 독자에게 사랑받는 시집으로 자리매김하리라 믿는다.

"복음의 촛대, 동방으로 옮겨지다."

고산지 서사시 「은둔의 나라」

1. 치열한 문학 활동과 기독교의 문을 열다

작가 '고산지'는 의정부 영락교회 장로님이고 중견 문인으로 왕성한 문학 활동을 펼치고 있는 분이기도 하다.

사업 실패로 일본에 건너가 노동자 일을 하면서 하루 하루 일기를 써 놓은 책 『차명의 세월』은 값어치 있는 책이라고 평가된다.

그간 많은 집필을 통하여 여러 권의 작품집을 발간하여 문단에서 이름이 널리 알려져 있었다. 그러나 췌장암으로 인하여 투병 생활을 하면서도 필은 놓지 않았다. 아쉽게도 2025년 2월 28일 소천하였다. 영원한 하늘나라에서 영생 복락 누리시기를 기원한다.

최근까지 월간 「국보문학」에 장편 서사시 "때여, 때여 나의 때여! 동학의 세상이여!" 연재 중이다. 또 신문 지면을 통해 칼럼과 시를 연재하는 등 폭넓은 문학의 장을 열고 있다.

이번에 출간하는 '은둔의 나라'는 서사시로 은둔의 나라 조선에 기독교 복음이 전파되는 과정을 상세하게 엮어냈다. 그 구성의 장대함, 치밀함에 놀라움을 금치 못한다. 방대한 자료 조사로 알려지지 않았던 기독교 역사가 수면 위로 떠오르는 결과를 낳았다.

시의 행간에 기독교 수난사와 작가의 신앙심이 고스란히 녹아 있다.

운문 형식을 빌려 간결한 문체로 독자의 이해를 높이고 있다.

기독교의 수난사를 겉핥기로 알아 왔던 독자에게 새로운 역사를 알게 되는 계기가 되리라고 믿는다. 작품 한편 한편에 순교자의 고뇌와 거룩한 희생이 절절히 배어있다.

로마로부터 신라, 중국, 일본, 조선으로 복음이 전파되는 일은 태산준령을 넘는 고난의 길이었다.

순교자의 희생 앞에서 눈물 없이는 읽을 수 없는 장편 서사시 '은둔의 나라'가 독자들의 가슴을 촉촉이 적셔줄 것이다.

작가의 남다른 신앙심과 뛰어난 작품 '은둔의 나라'를 살펴보고자 한다.

2. 동방을 향한 복음의 꿈

"꿈이 없는 사람은
자유를 잃고

꿈이 없는 민족은
나라를 잃네
꾸는 꿈 크기만큼 이룰 수 있다며
복된 소식 꿈이 되어
이 땅을 찾아왔네
치유의 말씀으로
이 땅을 찾았네
가난과 헐벗음은 걸림돌이 아니니
포기하지 말라며
절망하지 말라며
지식 없는 백성에겐 내일이 없다면서
꿈을 먹고 살라네
꿈꾸면서 견디라네
동방(東方)의 등촉(燈燭)
다시 켜는 그날까지
꿈을 먹고 견디라네
꿈꾸면서 살라네"

「꿈의 노래 전문」

  이 작품 한 편이 이 시 전체를 축약했다고 본다. 이 시에 작가의 정신과 철학이 녹아있고, 행간에 녹아있는 기독 정신이 꿈을 심어주고 있다.

  이렇게 꿈을 꾸는 자들이 복음 들고 고난의 길을, 죽음도 불사하는 전도의 길을 택한 것이다.

  동방에 복음을 전하고자 꿈꾸던 자들이 복음 들고 나섰다.

중국으로 일본으로 인도로 태국으로 마카오로, 은둔의 나라 신라로 조선으로….

희망을 잃지 않고 꿈을 심어주는 작품이다.

"로마 교황 레오9세(Papa Leone IX)가
동방교회 대주교에 대한 수위권(首位權)을 행사하자
교황의 권위란 명예이기 때문에
동방교회 공의회 결정을 구속할 힘이
교황(敎皇)에게는 없다는 이유로
교회는 동방(東方)과 서방(西方)으로 분열했네 (A.D.1054년)
유럽의 신흥도시를 중심으로 형성된
상업 경제력을 바탕으로
예루살렘을 이슬람교도로부터 탈환하자는
선교의 열정에서 추진된 십자군(十字軍) 운동은
동방에 대한 관심을 고조시켰네 (A.D.1095년)
성 프란치스코는 프란치스코회를 설립하고
십자군 운동을 지원했네 (A.D.1209년)
성 도미니크도 도미니크 수도회를 설립하여
선교사를 파송했네 (A.D.1216년)
루이9세(Louis IX, 프랑스)사절로
카라코룸을 방문한 프란치스코회 수도사 루브루크(Rubruck)는
압록강 부근까지 여행하였네 (A.D.1253년)
고려(高麗)를 '카울에(Caulej)'로 표기하여
서양에 소개한 최초로 서양인이었네"

「동방으로」 전문

발단은 에베소 공의회서 일어난다. 마리아 신모설을 부정한 "네스토리우스 주교를 이단으로 정죄하게 됐고, 이어서 이들을 핍박하게 됐다.

이들은 꿈꾸기 시작했다. 동쪽으로 가서 복음을 전파하자고….

복음이 서양에서 동양으로 전해지는 계기가 된 사건을 자세하게 설명하고 있다. 그때 그 사정이 이 시에 담겨 있다.

십자군 운동을 지원한 '성 프란치스코'는 선교사를 파송하게 된다.

선교사는 서에서 동을 향해 복음의 횃불을 들었다.

무수한 핍박을 이겨낸 말씀의 디아스포라는 중앙아시아를 가로질러 실크로드를 따라 중국 장안에 도착한다. 이 흔적이 지금도 중국 서안의 비림공원에 남아있는 '대진 경교 유행 중국 비'에 잘 나타나 있다.(AD 781년)

경주에서도 석제 십자가와 동제 십자가, 마리아 관음상이 출토됐다. 이를 보면 중국을 거쳐 신라에도 복음이 전해진 것을 알 수 있다.

중국에 들어온 복음은 경교라는 이름으로 환영받았다.

당 태종은 21명의 선교단을 환영하고 거처까지 마련해 주었다.

'루브루크' 선교사는 고려를 '카울에(Caulej)'로 표기하여 서양에 소개하기에 이른다.

동방을 향한 복음의 횃불은 인도, 일본 등 아시아 각 지역으로 퍼지게 됐다.

우리가 잘 알고 있는 천문학자 '마테오리치'도 인도를 거쳐 마카오에 도착했다.

3. 선민의 땅을 찾아서

"머리에 갓[God]을 쓴
사람들이 사는 나라
Chosen[선택된 ,朝鮮]이라 부르며
하얀 옷을 즐겨입네
달[月]이 지면 날이 밝아 온다는
아침 조(朝)자(字)와
부드러운 양고기[羊]와
싱싱한 물고기[魚]가 곱다는
생선 선(鮮)자(字)
나라 이름을 풀이하니
아름답고 고요한 아침의 나라
싱싱한 생선이 풍성한 나라이네
물고기 문양 익두스(ICHTHUS)는
기독교 신앙 공동체의 상징인데
갓[God]을 머리에 쓴
선민(選民)들이 사는 땅
나라 이름에 물고기가 들어있네
조선(朝鮮)을 향한

하나님의 역사가 시작되자
벽안(碧眼)의 선교사(宣敎師)들
꿈을 꾸기 시작했네
'아름답고 고요한 아침의 나라
싱싱한 생선이 풍성한 나라이네
물고기 문양 익두스(ICHTHUS)는
기독교 신앙 공동체의 상징인데"

「선민들이 사는 땅」 일부분

마침내 고요한 나라 은둔의 나라를 향해 벽안의 선교사들이 관심을 드러내게 됐다.

우리나라 조선의 '선' 자를 풀이한 것을 보고, 놀라움을 금치 못한다.

나라 이름을 지은 우리 조상의 마음속엔 이미 기독교 신앙을 품고 있은 듯하다.

정말 신기하다. 그로 인해 우리나라에 일찍 기독교가 전파된 게 아닐까? 현재 기독교 신자가 날로 늘어나는 것도 우연이 아닌 것 같다.

이제는 우리나라에서 선교사를 파송하는 단계로 발전한 것도 하나님의 섭리가 아닐까?

무수한 고통을 감내한 믿음의 선구자들이 닦은 길로 종교의 자유를 누리고 있다. 이는 모두 순교자들의 피 값이다.

아직도 공산권에서는 종교의 자유가 없으니, 이곳에 복음의 씨앗이 뿌려지는 날이 쉬이 오기를 기도드린다.

"임진왜란(壬辰倭亂)은 일본군이
조선인을 강제로 포획하여 노예로 매매하며
전리품으로 조선인의 코를 베어 간
참혹한 전쟁이었네
코를 베어 온 장수에게
코 영수증을 발급했던 히데요시(豐臣秀吉)
소금에 절여서 가져온
조선인의 코 12만 6천 개
귀국하지 못하고 교토에 묻혀있네 (1597년9월)
일본인 유학자(儒學者) 하야시라산(林羅山)이
'코 무덤(鼻塚)은 너무 야만스럽다'하여
지금은 귀 무덤(耳塚)으로 불리고 있네
나가사키(長崎)에서
조선인 남, 녀 300여명이 세례를 받았네(1593년)
이들은 임진왜란 때 포로가 된 조선인 노예였네
파시오(Pasio)신부는
금년에 2000여명 이상의 조선인이
세례를 받았다고 교황청에 보고했네 (1594년10월)
성 금요일 밤
십자가 앞에 무릎 꿇은 조선인 포로들
하나님의 자비와 죄 사함을 얻고자
눈물을 흘리며 기도를 하네"

「조선인 포로들 복음을 들었네」 일부분

노예로 끌려간 조선인에게 복음의 은혜가 내리게 됐다.

전쟁 중에도 하나님의 역사는 이루어지고 있었다. 임진왜란 당시 일본군 대장 '고니시 유키나가'는 기독교 신자였다. 고니시 부대에는 2천여 명의 가톨릭 신자가 참전했다고 한다.

당시 일본 영주나 다이묘들은 가톨릭 선교사에게 접근하기를 즐겼다. 서양의 무기와 조총은 그들의 관심사였기 때문이다.

일본에 들어온 가톨릭은 '히데요시'에게 핍박받게 됐다. 그는 신자들에게 배교를 강요하고 이를 어기면 처벌하기에 이르렀다. 여기에 '고니시 유키나'는 투철한 신앙의 소유자였으므로 배교를 거부했다.

임진왜란 때 고니시의 부대는 평양성까지 진출했는데, 그때 전쟁고아인 여자아이를 발견하게 됐다. 세 살쯤 돼 보이는 아이를 고니시가 수양딸로 삼는다.

이 아이는 '오타'라는 아이로 '모레홍' 신부에게 '줄리아'라는 세례명을 받는다.

고니시는 이에야스와 대치 중 배교를 거부하고 순교를 택한다.

고니시 순교 후 오타는 '이에야스'의 의붓딸이 됐다. 흑심을 품은 이에야스가 사랑 고백을 하자, 오타는 거절하고 섬으로 유배를 떠나게 됐다. 오타는 유배지 섬을 돌며 복음 전도에 힘썼다.

이렇게 복음의 씨앗이 뿌려진 것도 하나님의 섭리다. 세 살 아이가 성령의 사람 고니시를 만난 것도, 유배 가서 전도하게 된 것도 성령의 역사다.

"조선의 도성과 궁전을 점령한
고니시 유키나가(小西行長) 부대는
조선인 소년(13세)을 포로로 붙잡았네
기품 있어 보이는 이 소년은
쓰시마 도주(對馬島主=宗義智)의 부인이며
고니시(小西行長)의 딸인
고니시 마리아에게 보내졌네 (1592년)
세키가하라(關ヶ原) 전투에서 승기를 잡은
도쿠카와 이에야스(德川家康)는
에도막부(江戶幕府)를 열고 쇼군(將軍)이 되었네 (1600년-1605년)
한자를 읽고 쓸 줄 아는 이 소년을
관심 있게 지켜본 고니시 마리아는
모레흔(Morejon) 신부에게 이 소년을 맡겼네
규슈(九州)의 시키섬에서
'빈첸시오(Vincentio)권(權)'이라는 세례명을 받은 소년은
일본의 가톨릭 신학교에 입학하였네 (1603년)
오사카(大坂)전투를 앞두고
이에야스(德川家康)는 일본 전역에
금교령(禁敎令)을 선포하고
선교사들을 마카오와 마닐라로 추방하였네 (1614년)
4개 수도회의 선교사 98명이 일본을 떠났네
신자를 두고 떠날 수 없던
사제(司祭)들은 섬으로 도피했네
신학교를 졸업한 '빈첸시오권'은

예수회 관구장 파체코 신부의 특명을 받고
조선 선교를 목적으로 중국으로 파송됐네" (1614년)
「예수회 수사 빈첸시오 권의 이야기」 일부분

임진왜란 때 도성이 함락되었는데 이때 일본군은 조선인 소년를 포로로 잡았다. 그때 소년의 나이가 13세였다. 소년은 다행히도 고니시의 딸에게 보내져 가톨릭 신학교에 입학하게 됐다.

그는 '빈첸시오 권'이라는 세례명을 받고 조선에 전도하기로 했다.

보이지 않는 손이 그를 복음의 전사로 택한 것이다.

이런 세세한 이야기까지 밝혀낸 '고산지' 작가의 노력에 감복할 뿐이다.

잘 알려지지 않은 이런 기독교 역사를 '고산지' 작가를 통해 널리 알리게 한 것 또한 하나님의 계획이 아닐까?

하나님은 '고니시 유키나가'의 손에 13살의 소년과 세 살 여아를 붙여 주셨다. 이들을 통해 복음을 전하는 역사를 이루신 분도 하나님이시다.

중국에 전래된 기독교 사상과 서양 과학 기술인 서학은 사신을 통해, 또는 일본을 겨쳐 우리나라 조선에 전해지게 됐다.

여러 통로를 통해 이 땅에 떨어진 복음의 씨앗은 가랑비에 옷이 젖듯 서서히 발아하기 시작했다.

4. 은둔의 땅에 뿌려진 복음의 씨앗

"임진왜란(壬辰倭亂)으로
명(明)나라의 국력이 피폐해지자
여진 부족을 통합한 누르하치(奴兒哈赤)
만주에 후금(後金)을 건국했네 (1616년)
"광해군의 원수를 갚는다."는
명분을 내건 후금(後金)의 정묘호란(丁卯胡亂)
의주를 공략하고
용천, 선천을 거쳐 청천강(淸川江)을 건넜네
안주, 평양을 점령하고
황해도 황주(黃州)를 장악했네
당황한 인조(仁祖)는 급히 강화도로 피신했네
소현세자(昭顯世子 16세)는
분조(分朝)를 이끌고 전주로 내려가
남도의 민심을 수습하며
의병(義兵)을 모집했네
조선 왕자와 척화론(斥和論)을 주장하는
대신들을 인질로 요구했네
이를 조선이 거부하자
청군(靑軍) 12만 명이 압록강을 건넜네 (1936년 12월 12일)
14일 밤 강화도로 피난을 가려던 인조는
청군이 연서역(延曙驛=은평구 연신내)을 통과하자
소현세자와 문무백관을 거느리고
남한산성(南漢山城)으로 들어갔네

비축된 식량은 바닥을 드러내고
강화도(江華島)가 함락되었네
인조(仁祖)와 소현세자(昭顯世子)는
삼전도(三田渡)에서 청태종(淸太宗)에게
삼배구고두(三拜九叩頭) 예(禮)를 올리고 항복했네 (1637년 2월 24일)
포로로 잡힌 조선인 1만여 명이
소현세자와 봉림대군(鳳林大君)은
조선인 여자 50만 명과 함께
볼모로 끌려갔네.
여름에는 관소(館所) 주변
밭을 일구어 농장을 경영하고
겨울에는 혼하(渾河)의 얼음을 저장하여
폭염(暴炎)을 대비했네
중원(中原)의 원정(遠征)에 자원 참전하여
대륙의 변화를 몸으로 체험했네
청황실(淸皇室)은 소현세자를 다시 보기 시작했네
인조(仁祖)는 소현세자(昭顯世子)가
청국(淸國)의 힘을 빌려
왕위(王位)를 노린다고 의심하기 시작했네
도르곤 곁에서
명(明)나라의 멸망 지켜 본 소현세자
북경(北京)에 머물면서
예수회 선교사 아담 샬(Adam Schal)을 만났네
서양의 신문물에 눈을 뜨게 되었네
두 사람의 만남을
남 천주당 신부 황비묵(黃斐默)은
'정교봉포(正敎奉褒)'에서 이렇게 기록했네
"순치 원년에 조선의 세자가 북경에 볼모로 와서

아담 샬 신부의 명성을 듣고
때때로 남천주당을 찾아와 천문학 등에 대하여 살펴 물었다
아담 샬 신부도 자주 세자의 관사를 찾아가
오래 이야기를 나누고 서로 깊이 사귀었다."
귀국이 결정되자
아담 샬 신부가 선물한 천주교 서적 등을
정중하게 돌려보낸 소현세자
조선에서 봉사할
천주교 신부의 동행을 요청했네
아담 샬 신부는 귀국하는 세자 일행으로
중국인 궁녀와 환관 중
영세(領洗)를 받은 남녀 천주교인을 추천했네
인조(仁祖)의 냉대 속에
앓아누운 소현세자(昭顯世子)
어의(御醫) 이형익(李馨益)은
여독(旅毒)이라 했지만
세자의 병세는 호전되지 않았네
시호탕(柴胡湯)을 마신 후
정신 잃은 소현세자(昭顯世子)
34세 나이로 세상을 하직했네 (1645년 4월 26일 정오)
기독교(基督敎)를 통하여
서양의 문명(文明)을 습득하고
조선(朝鮮)을 부강한 나라로 만들려던
소현세자(昭顯世子)의 꿈이
그의 영혼과 함께 하늘로 사라졌네."

「아!소현세자(昭顯世子)」중에서

비운의 세자 소현세자! 그 이름만 불러도 가슴이 뭉클하고 비통함에 눈시울이 젖는다. 조선 왕조의 왕족 중 가장 먼저 서양 문물과 함께 천주교를 받아들인 분이다.

청나라에 볼모로 잡혀가서도 슬기롭게 조선과 청의 관계를 조율해 나갔다.

청, 황실은 소현세자의 인격에 감동하게 됐고, 호의를 베풀기도 했다.

호란 때 잡혀간 조선인 포로들의 고생을 외면하지 않고, 세자빈과 힘을 합쳐 그들을 구출해 내기에 이른다. 당시 조선인 포로들은 노예시장에서 짐승처럼 매매되고 있었다.

포로를 해방하려면 속량 전을 지급해야 했다. 이에 직접 농사를 짓고 장사도 해서 그들을 구할 돈을 마련했다.

소현세자가 고생 중에도 예수회 선교사 '아담 샬'을 만나 서양 문물과 천주교를 접하게 됐다. 조선으로 돌아올 때도 영세 받은 중국인 환관과 궁녀도 함께했다.

만약 소현세자가 왕위를 이었다면!

이런 상상을 해 본다.

천주교를 믿는다는 이유로 박해하지 않았을 것이고, 일찍이 기독교 나라가 됐을 것이다. 또 무지로 인해 우리나라가 외국으로부터 침략 받는 일도 없었을 것이다.

과학을 먼저 받아들인 일본에 의해 우리나라가 당한 고통을 생각하면 기회를 놓치게 한 위정자들이 원망스럽다.

  소현세자 같은 훌륭한 분이 억울하게 죽임을 당한 일은 길이길이 통탄할 일이다.

  중국 고사에 이런 말이 있다.

  世有伯樂然有千里馬(세유백락연유천리마)

  千里馬常有而伯樂不常有(천리마상유이백락불상유)

  세상에 백락이 있고 나서야 천리마가 있다.

  천리마는 항상 있으나 백락은 항상 있는 것이 아니다.

  백락은 전국시대 천리마를 잘 고르는 사람이다. 오늘날에는 백락을 지도자 또는 군주를 뜻한다.

  소현세자는 훌륭한 천리마였으나, 백락이 없어 그를 알아보지 못하고 죽음에 이르게 한 것이다. 인조의 어리석음이 지금도 뼈에 사무친다.

"너희는 서양의 길리시단(크리스찬)이냐?"
"야(耶)!야!"
"우리는 일본 낭가삭기(郞可朔其)로 가고 싶다"
제주목사 이원진(李元鎭)에게
하멜(Hamel)은 간절히 애원했네
네덜란드 동인도 회사 소속 스페르웨르(Sperwer)호는
하멜(Hamel)일행을 태우고
대만(臺灣)의 안평(安平)항을 출발
나가사키를 향해 항해를 시작했네 (1653년 7월 30일)

심한 풍랑을 만나

대만 해협을 빠져 나오지 못한

스페르웨르(Sperwer)호는 선미의 관망대와 함께

탈출용 작은 배도 잃고 말았네 (1653년 8월 15일)

바닷물이 스며들자

짐과 돛대를 버리던 선원들

육지가 보였네

제주도가 보였네

거대한 파도가 선창으로 밀려들자

난파한 스페르웨르(Sperwer)호

64명의 선원 중 28명은 익사하고

육지에 오른 사람은 36명뿐이었네

제주 동헌에서 심문을 받았네 (1653년 10월 29일)

'이 사람이 누구라고 생각하느냐?'

'홀란드(네델란드)사람인 것 같다.'

'이 사람은 조선 사람이다. 너희가 잘못 보았다'

조선의 조정은 그때서야 알았네

박연(朴燕)의 조국이 남만인(南蠻人)이 아닌 것을

하멜(Hamel)과 같은 아란타(阿蘭陀)인인 것을

박연(朴燕)이 말했네

울면서 말했네

하멜(Hamel)일행에는

대포(大砲)기술자가 10명

천문(天文)기술자 1명

조총(鳥銃)기술자가 1명 포함되어 있었네

훈련도감(訓鍊都監)포수(砲手)가 된

박연(朴燕)이 하멜(Hamel)일행을 지휘했네

박연과 하멜(Hamel)일행 때문에
홍이포(紅夷砲)와 조총(鳥銃)을 제작할 수 있었네"

「하멜 표류기」 일부분

'하멜' 일행이 우리나라에 오게 된 경로다. 이들은 서해를 표류하다 조류에 밀려서 조선의 제주도에 상륙하게 됐다. 이들은 네덜란드인으로 대포 제작 등 서양의 신진 기술에 조예가 깊었다.

조선에서는 이들에게 기술을 배우고 대포 제작을 맡기게 됐다.

이들을 통해 서양 문물과 서양 종교인 기독교가 전파되는 계기가 됐다. 하나님은 여러 경로, 여러 사람을 통해서 복음을 전하신다는 것을 알 수 있다.

벨테브레이 또한 네덜란드인이며 이는 조선에 정착해서 결혼도 하고 아이도 낳았으며 벼슬까지 하게 됐다.

하멜은 몇 번의 탈출 실패 끝에 결국은 고향으로 돌아가 조선에서 보고 듣고 느낀 점을 책으로 펴냈다. 그게 바로 '하멜 표류기'다.

이에 따라 조선이 서양 세계에 알려지게 됐다.

"중국에 전래된 기독교 사상과
서양의 과학 기술인 서학(西學)은
부연사행(赴燕使行)을 통해 조선에 전래됐네

주청사(奏請使) 이광정(李光庭)이 가져온
마테오 리치(Matteo Ricci)의 곤여만국전도(坤輿萬國全圖)는
조선 선비에게 새로운 세계에 눈을 뜨게 했네
진주사(陳奏使) 정두원(鄭斗源)은
서포(西砲), 천리경(망원경), 자명종 등과
마테오리치의 천문서(天文書)
알레니(Julio Aleni)의 직방외기(職方外紀)를 가져왔네 (1631년)
대동법(大同法)을 만든 김육(金堉)은
부연사행(赴燕使行)일행에
일관(日官)을 동행시켜 흠천감(천문대)에서
시헌력(時憲曆)을 탐문해야한다 주청했네 (1645년)
봉림대군(鳳林大君)을 배종했던
관상감제조(觀象監提調) 한흥일(韓興一)이
아담 샬(Adam Schall)의 천문서 신력효식(新曆曉式)을
중국에서 입수하여 귀국했네 (1645년 인조23)
정약전(丁若銓)은 십계명가(十誡命歌)를
한글로 지어 노래했네."

「스스로 발아된 복음의 씨앗」 일부분

우여곡절 끝에 은둔의 나라 조선에 복음의 씨가 뿌려지게 됐다.

종교 지도자는 실학자가 중심이 됐다.

이에 따라 박해가 이루어진다.

신해 사옥, 기해박해, 병인박해, 병오박해 등 기독교인들의 피흘린 역사 앞에서 옷깃을 여미게 된다.

정약용의 '한글 십계명가'가 눈길을 끈다.

부연사행(중국사신)을 다녀온 홍대용과 박지원은 과학 기술과 함께 천주학 서적을 조선에 들인다.

성호 이익은 '직방외기, 천주실의, 칠극, 기인십편' 등을 읽고 제자들에게 서학을 가르쳤다.

이승훈은 이벽, 권신일에게 세례를 베풀었다. 이들이 닦은 기초위에 최초의 신앙공동체가 형성된다. 최초의 신앙공동체 '명예방'에는 이승훈을 중심으로 김범우, 이벽, 정약전, 정약용, 정약종 권신일 부자 등 수십 명이 모여 예배드리고 성경을 가르쳤다.

유교 나라에서 제사를 거부함으로 피바람이 일어난다. 바로 '신해사옥'이다.

제례 질서의 파괴는 불효며, 불충이라 단정을 지었다.

많은 천주교인이 참수되거나 유배 가게 됐다.

정약용 삼 형제 중 약종은 처형당하고 약용과 약전은 귀양길에 올랐다.

약용은 강진으로 유배 가서 18년을 귀양살이하다 풀려나게 됐다. 약용은 유배 중에도 '목민심서'를 비롯해서 500여 권의 책을 집필하기에 이른다. 그 업적은 대단하다.

형 약전은 흑산도로 귀양 가서 바다 어족들을 연구하게 된다.

정 약전은 '자산어보'라는 귀한 책을 남겼다. 그는 유배 중 생을 마쳤다. 그러나 그의 저서는 우리나라 유일의 어족에 관한 소중한 자산으로 남아있다.

5. 이양선, 조선의 문을 두드리다.

"두드리고 두드려도
열리지 않았네
닫힌 문 열고자
움직인 열강들
1만개 섬들의 차우치엔(Chautsien) 왕국은
쇄국(鎖國)이 정책인 은둔의 나라였네
통상 교섭 확대 위한 특사를 태우고
천진(天津) 북쪽 연하구(蓮河口)에 도착한
영국의 함선 두 척 (1816년 8월)
영국인의 선물은 모두 거절했지만
출항 직전 함장 '맥스웰'이 준
대형 성경책을 차마 거절 못했네
하나님의 말씀이
처음으로 이 땅에 떨어졌으나
묵은 땅 무성한 가시덤불
파종할 수 없었네
싹이 틀 수 없었네"

「최초의 성경 전래지 마량진」일부분

영국인으로부터 마량진에서 최초로 성경을 받게 된 역사적 장면이다.

이렇게 해서 은둔의 땅에 복음의 씨앗이 떨어지게 됐다.

그러나 그 싹은 온갖 고난으로 인해 근근이 생명을 연장하게 됐고, 많은 희생을 감내해야 했다.

"솔뫼마을(충남 당진 우강면)에서 태어난 (1821년 8월 21일 순조21)
김대건(金大建)은 7살 때 천주교 박해(迫害)를 피해
미리내 마을(경기도 안성)로 이주했네
청소년에게 세례를 베풀기 위해
미리내 마을을 방문한 파리 외방전교회 선교사
피에르 모방(Pierre Philibert Maubant)신부의 후원으로
마카오에서 신학공부를 시작했네 (1837년)
가톨릭 부제(副祭)서품(敍品)을 받고
신학공부를 한 김대건(金大建)은 (1844년 12월)
상하이의 금가항(金家港)성당에서
천주교 조선교구 제3대 교구장 페레올(Ferréo高)주교의 집전으로
가톨릭 사제(司祭)서품을 받았네 (1845년 8월 17일
페레올(Ferréo高)주교와 김대건 (金大建)신부를 태우고
상하이를 출항한 목선 라파엘 호는 (8월 31일)
서해안에서 풍랑을 만나 제주도 용수리에 표착하여
선박을 수리하고 강경 황산포 부근의 나바 위에 상륙했네
(10월 12일)
김대건(金大建)신부에게 주어진 첫 번째 과제는
외국선교사의 입국에 필요한 항로(航路)의 개척이었네"

「병오박해(丙午迫害)와 김대건(金大建)신부의 순교(殉敎)」 일부분

김대건 신부는 우리나라 최초의 가톨릭교회 사제다.

'페레올' 주교는 김대건 신부에게 선교사들이 입국을 원활히 할 수 있는 길을 개척하라는 임무를 맡겼다. 그는 단 1년의 사목 생활 끝에 붙잡혀 핍박받고 25세의 젊은 나이로 순교했다. 1984년 한국의 동료 순교자 102명과 함께 시성 되어 성인품에 올랐다.

"삼정문란(三政紊亂)으로
농민들의 반란이 빈번하고
열강들의 문호 개방 압력이 가중되고 있었네
철종(哲宗)이 승하하자
익종(翼宗효명세자)의 비(妃)
신정왕후(神貞王后) 조(趙)씨는
흥선대원군(興宣大院君)의 둘째 아들 이재황(李載晃12세)을
익종(翼宗)의 양자(養子)로 지명했네
흥선대원군(興宣大院君)의 부인
여흥부대부인(驪興府大夫人) 민(閔)씨는
고종(高宗)의 유모 박말다(마르타)의 전도를 받은
천주교(天主敎)신자였네
흥선대원군(興宣大院君)은 천주학장이에 대해
첫 번째는 언문(한글)을 잘하고
두 번째는 죽은 사람을 염(殮)하는 일을 잘하며
세 번째는 밀초제작을 잘한다고 논평했네"

「홍선 대원군의 기독교 탄압」일부분

병오박해와 김대건 신부의 순교는 우리나라 기독교 역사에서 아주 중요하다.

대원군은 기독교를 박해한 대표적 인물이다. 그러나 아이러니하게도 대원군의 부인인 여흥부대부인 민씨는 천주교 신자였다.

이를 두고 '등잔 밑이 어둡다.'라고 하나 보다.

"죄를 범한 교황은 결코 교회의 머리가 아니며 그리스도의 지체도 될 수 없는 마귀의 머리일 뿐이다." 이는 천주교의 부패를 고발한 '얀 후스'의 말이다.

그는 처형되면서 "당신들이 붙잡은 건 거위 한 마리일 뿐이고 백 년 후 백조는 어찌할 수 없을 것이다."라고 예언했다.

백 년 후 마르틴 루터에 의해 종교개혁이 이루어지고 개신교가 탄생하게 됐다.

루터 목사의 안수를 받은 '귀츨라프' 목사는 개신교 목사 최초로 조선 땅을 밟게 됐다.

귀츨라프 일행은 서양포, 시진표, 천리경 등 진귀한 서양 문물과 성서 2권을 포함한 교리서를 순조 임금에게 바쳤다.

이들은 조선과 영국과의 통상을 구했다.

"조선을 향해 출항 예정인
미국 국적의 제너널 셔먼호(General Sherman)호가
조선말을 하는 안내인을 구하고 있었네

조선 선교(宣敎)의 열정(熱情)으로
토마스(Thomas)선교사는 통역을 자원했네
제너럴 셔먼(General Sherman)호는
지푸(煙臺)항을 떠나 (1866년8월9일)
백령도 두문진과 장산곶(長山串), 석도, 장사포(長沙浦)에 들려서
성경(聖經)을 배포한 후 대동강 입구의 용강군(龍岡郡)을 지나
강 상류인 평양 방면으로 거슬러 올라갔네
배가 닿는 곳마다 조선의 문정관(問情官)에게
토마스(Thomas)선교사는 목적지가
평양(平壤)이며 통상(通商)을 희망한다고 밝혔네
천주교인 학살을 문책하기 위하여
프랑스 함대가 올 것이라는 경고와 함께
자신들은 천주교(天主敎)와 다른
야소성교(耶蘇聖敎개신교)를 믿으며
이를 전파하려는 목적도 있다고 주장했네
조선 관리는 불법행위에도 불구하고
낯선 사람을 잘 대접한다는 유원지의(柔遠之義)에
세 차례나 음식물을 후하게 공급했네
대동강 연안에 살면서
프랑스 함대를 기다리던 지달해(池達海)등
천주교도(天主敎徒) 10여 명이
제너럴 셔먼(General Sherman)호에 승선하자
토마스는 이들을 환대하며 성경을 배포했네
토마스(Thomas)선교사로부터 성경을 받은
홍신길(당시捕吏)은 이렇게 고백했네
"내가 정식으로 신자가 되기는 을미년이었습니다.
그러나 복음의 존자를 받기는

지금으로부터 63년 전 병인년 포리에 있었을 때
토마스 목사에게서 성경을 받았을 때입니다
81세의 늙은 것을 아직도 하나님께서 세상에 남겨 두신 것은
아마도 토마스 목사의 전도 사적을 승거하라 하심인가 보외다"
-오문환(토마스 선교사의 전기 집필) 1928년 홍신길 인터뷰
27세의 젊은 나이로 개신교의 복음을 전하고자
500여 권의 성경을 배포한 토마스(Thomas)선교사
대동강 강변에 순교의 피를 흘렸네 (1866년 9월 2일)
그 피 거름되어
이 땅에 성령의 바람 불기 시작했네
그 피 거름되어 동방으로
복음의 촛대가 옮겨지기 시작했네."

〈대동강 강변에 뿌려진 순교(殉敎)의 피〉 중에서

천주교에 이어 개신교가 이 땅에 전파되는 장면이다. 대동강 강가에서 순교한 토마스 선교사의 모습을 보고 많은 조선인이 예수를 믿게 됐다.

그때 대동강 강가에서 토마스 선교사에게 성경을 받은 사람이 앞장서서 교회를 세우고 전도의 길로 들어섰다. 아니러니하게도 그때 토마스 선교사를 처단했던 조선인 관리가 예수를 믿고, 그 자리에 교회를 세웠다고 한다.

'오문환'은 토마스 선교사의 전기를 집필하기도 했다.

이에 따라 평양이 기독교의 성지가 됐다. 하지만 지금은 공산권에서 종교의 자유를 박탈당하고 조선 말기의 기독교 박해보다

더한 고난을 겪고 있다고 한다.

하루속히 그들을 구할 수 있기를 바란다.

6. 성령의 역사와 복음의 역동성

서에서 동으로 흐르는 도도한 물결 위에 복음의 횃불을 든 용사가 있었다. 그들은 고난이 닥칠 때마다 굽히지 않았고, 죽음도 두려워하지 않았다. 오직 복음 전파에만 자신의 한 몸을 바치기로 했다.

이는 어느 전쟁 영웅보다도 더 고귀하고 훌륭하다.

134페이지에 달하는 '은둔의 나라'를 읽어가면서 우리가 누리는 종교 자유는 거저 얻는 것이 아님을 다시 한번 가슴에 새기게 됐다.

많은 선교사가 뿌린 순교의 피 위에 이 나라에 기독교가 뿌리를 내리게 됐고, 종교의 자유를 얻게 됐다.

"나라 잃은 민족에게 들어온 성령의 역사와 복음의 역동성을 대한민국의 건국역사와 함께 우려내고 싶습니다."

(작가의 프롤로그 중에서)

5,000년 역사 위에 우리 대한민국이 흘러간다. 영광의 역사,

승리의 역사, 고난의 역사, 슬픔의 역사, 이 모두 버릴 수 없는 중요한 우리의 역사다.

이 역사와 함께 복음 전파의 역사도 함께 흘러왔다.

고난과 핍박을 이겨내고 최후 승리를 이뤄낸 기독교 역사는 이미 우리의 삶에 깊이 뿌리내리고 있다.

'고산지' 작가가 말했듯이 성령의 역사와 복음의 역동성이 감동적이었다. 한편씩 읽을 때마다 고통을 감내하는 순교자들의 모습이 수면 위로 드러나면서, 가슴 저미는 고통을 느낄 수 있었다. 이 또한 성령의 역사가 아니면 할 수 없는 일이다.

이번에 상재되는 '은둔의 나라'는 한마디로 복음의 촛대가 서에서 동으로 옮겨진 기독교 역사를 생생하게 기록했다고 할 수 있다.

동방으로 복음이 전파된 것은 A,D 1216년 '성도미니크 수도회'에서 선교사를 파송하면서 시작됐다. 핍박받던 기독교가 복음의 횃불을 든 선교사에 의해 동으로 전해지게 됐다.

그 길은 고난의 길이요 죽음의 길이었다. 그들의 희생 앞에서 눈시울을 적시게 된다.

고산지 시인은 해박한 역사적 지식과 투철한 신앙심으로 방대한 량의 서사시 '은둔의 나라'를 집필했다. 이번에 상재되는 시집은 대원군 시대까지, 그 이후는 2편에서 그 장을 펼칠 것이다.

그의 능력은 시공을 뛰어넘어 광활한 세상을 열어가고 있다.

이는 실로 인간의 능력을 뛰어 뛰어넘었다고 볼 수 있다.

 '은둔의 나라' 출간을 축하드리며 많은 사람이 이 책을 읽고 감동하는 계기가 됐으면 하는 바람이다.

진정한 목소리로
아포리즘의 탑을 쌓는 서정시

김남숙 시집 「바람난 까치」

1. 삶의 여행은 시의 길이 된다.

시는 삶의 여행이다. 우리가 살아가면서 체험하는 모든 일상이 인생 항로에서 돛을 달고 떠나는 여행길이다. 태어나서 떠날 때까지의 여행은 굴곡과 시련을 겪으며 때로는 방황의 길을 걷기도 한다. 이것은 누구나 피할 수 없는 운명이다. 그러나 광야 같은 인생 항로의 여정을 시라는 문학의 옷을 입혀 독자를 감동의 세계로 인도할 때 빛나는 창작품을 건져 올릴 수 있다.

시는 삶의 진정성을 차분한 어조로 탐색해 보는 태도가 중요하다. 자아, 생명, 자연에 관한 관심을 지렛대로 하여 시인이 껴안은 삶의 무게를 조용히 움직여 보는 태도로 창작에 임해야 할 것이다.

시는 때로는 행복과 기쁨을 노래하기도 하고, 또 삶의 아픔과 괴로움을 깊이 있게 성찰하기도 한다. 시인마다 삶의 태도가 다르듯이 시인의 개성 또한 다양하다. 시인이 가진 정서나 개성을 육화하여 시적 장치를 통하여 감동으로 끌어내는 것이 시인의 임무다.

김남숙의 시는 표현이 매끄러우며 아포리즘의 성격을 나타내고 있다. 시의 속살에서 나타나는 인생 여정을 삶의 교훈으로 던지고 있다.

이 작품집은 평범한 일상에서 예리한 관찰력으로 독자를 사유의 장으로 이끌고 있다. 시는 응축과 은유를 통하여 이미지에 생명을 불어넣는 작업이다. 여기서 함축과 여백은 상상의 폭을 넓히는 디딤돌이다.

김남숙의 시 세계로 들어가 보자.

2. 사유의 얼굴들

누구들에 의한 저쪽인지
누구들을 위한 이쪽인지
바램은 이제 그만
날개를 접기로 했습니다
입술도 눈도 귀도 닫았습니다
밤 별들의 외치는 소리
낮달들의 하소연
세상 부딪히는 아우성이
두 주먹을 불끈불끈 쥐어 짜내고

성난 입술은
접은 날개 쭉지를
비난하며 조롱하지만
이념 갈등이라는 이름으로
문 걸어 잠근 채
몸살을 앓고 있지요
이 방황
언제쯤이나!

「바램의 방황」 전문

이념으로 동강 난 사회 현실을 비판하고 있다. 시상을 펼치는 솜씨나 언어 구사력이 뛰어나다. 이쪽, 저쪽으로 갈라서서 상대를 비난하는 모습을 예리하게 관찰하고 있다. 편 가르기가 일상이 된 정치권을 고발하며, '이 방황 언제쯤이나!'라고 한탄하고 있다.

시인은 병든 사회를 고발하고 치유하는 임무를 지니고 있다. 이념으로 문을 잠그고 상대를 배척하는 현실의 문제점을 제시하므로 이를 해결하고자 하는 강한 의지를 나타낸다.

사회를 바라보는 시인의 시선과 상상력이 신선하고 독창적이다. 갈등 속에서 갈피를 잡지 못하는 오늘의 현실을 보다 못한 시적 화자는 '날개를 접고 입술도 눈도 귀도 닫는다.'라고 하였다. 이렇게 역설법으로 나타내어 주제를 더욱 강조하고 있다.

모든 갈등이 하루빨리 끝나기를 기원하는 마음이 잘 나타나 있다. 에둘러 묘사하는 시적 능력이 돋보이는 작품이다.

평소에 격의 없게 지내던
인생 후배
"실내에서 웬 썬글라스?"
약간의 놀림에
의사의 손을 사서
처진 눈꺼풀을 올렸다고 하기에
"자연스럽게 곱게 늙어가자"고 했더니
작심한 듯
"그럼 언니는 왜 머리염색을 해?
자연스럽게 백발로 살지?"
와!
제대로 한 방 맞았습니다

「후배의 반격」

좋은 시란 한마디로 말해 독자에게 신선한 충격이나 감동을 주는 시라야 한다. 이것이 바로 시의 존재 이유가 아닌가?
주변에서 일어나는 가벼운 일상을 적절하게 묘사하여 시라는 장치를 통하여 매끈하게 마무리 짓고 있다.
시인은 하찮은 소재 하나로 위트 넘치는 작품을 창작해 냈다.
'남의 눈의 티는 보면서 자기 눈의 들보는 보지 못한다.'라는 말이 있다. 자기 위주로 살아가는 이기적인 인간상을 꼬집는 장면이다.

'제대로 한 방 맞았습니다.' 재치가 넘친다.

후배를 탓하다가 그 화살을 바로 자기가 맞았다. 흔히 있는 일상을 시로 표현하니 더욱 재미있다.

이렇게 짧은 글 속에 번쩍이는 교훈이 담겨 있다. 아포리즘의 시라고 볼 수 있다.

3. 삶의 발자국

아침 저녁으로 아직은
춥고 찬바람인데
뭐가 그리도 급해서, 벌써
세상에 나와
그렇게 떨고 있니?
언덕 아래 작은 꽃나무
감기에 걸렸나 보다
콜록콜록 기침을 하고 있다
부끄럽고 창피하다는 듯이
고개 떨구고 어깨 움츠리며
잔 기침을 하고 있다
언덕 위 높은 나무에서
지켜보고 있던 어른 새 한 마리
'그러니까, 어른들 말씀을 들어야지!
이 철부지야'

「철부지」 전문

자연은 지금까지 많은 시인에게 창작을 위한 원형질로 작용해왔다. 자연의 생명력과 순전한 사랑이 융합된 시가 더욱 감동을 줄 수 있다.

관찰과 사색의 흔적이 엿보이며, 내면의 서정을 대상물과 하나로 형상화 시킨 솜씨가 돋보인다.

변화무쌍한 봄 날씨에 적응하지 못한 꽃이 추위에 떨고 있다. 봄인가 하고 꽃을 피웠더니 갑자기 꽃샘추위가 몰려왔다. 일찍 꽃피운 꽃나무에 대한 안쓰러운 마음이 잘 나타나 있다.

'언덕 아래 작은 꽃나무/감기에 걸렸나 보다.'

대상에 생명력을 불어넣어 들여다보는 서정적 자아가 빛을 발하고 있다.

소재와 그것의 의미를 연결하는 언어적 표현이 돋보인다.

너와 처음 인사 나누던 때를 기억한다
너의 듬직한 그 카리스마, 내 가슴 설레었지
몇 번의 데이트, 그 설레임
결코 가볍지 않은 너의 자존심
내 자존심도 눈을 치켜뜨기 시작했지
두꺼워지는 자존심 대결
엎치락 뒤치락 양보 없는 자존심 대결
만남의 회수가 불어날수록
너는 본색을 드러내기 시작했다
보여주려다 감추고, 꼭

끝자락에서 향기를 풍겼다
그 향기에 내마음 설레어, 애간장을 태웠지
잡힐 듯 말 듯
내 품에 안길 듯 말 듯
꼬리 흔들어 대는 너의 놀림에
내 자존심은 금이 가기 시작했다
내 손과 발은 부르트도록
시려웠다. 추웠다
몇 번 더 만남을 끝으로
나는 너를 떠나기로 결심했다
너의 이름은
내 인생에
큰 흉터를 남겼다
「영원한 이별〈司試포기 (2)〉」 전문

시라는 문학 장르의 특성 중 하나는 간결미다. 절제된 언어로 절제된 감정을 표현하는 문학이다. 사시를 준비하기 위해 공부를 시작했을 때의 심정을 형상화 시킨 점을 높이 산다.

'너의 듬직한 카리스마, 내 가슴 설레었지/몇 번의 데이트, 그 설레임'

사시 준비의 시작은 합격에 대한 희망으로 가득 찼을 것이다. 고시 합격과 더불어 판검사, 아니면 변호사라도! 이 얼마나 떨리고 설레는 결과냐! 그러나 현실은 만만치 않다.

'잡힐 듯 말 듯/ 내 품에 안길 듯 말 듯' 그 애간장 타는 모습과 안타까움의 심정을 신축성 있는 기승전결 방식으로 마무리하여 감동을 주고 있다.

결국 사시의 꿈은 흉터만 남기고 떠나버렸다. 이렇게 인생사가 모두 성공으로 이어질 수는 없는 것 아닌가? 노력해도 안 되면 포기하는 것도 좋은 방법이다. 비유와 상징으로 시적 미감을 높이고 있다.

체험을 통한 문학은 독자에게 공감과 감동을 준다. 진솔한 마음을 나타내는 것이 시의 본질이다. 이런 점에서 이 작품은 성공적이라고 본다.

바늘 한 개로 산을 뚫어
길을 내려 하고
숟가락 한 개로
우물을 파려 하고
조개껍데기 한 개로
바닷물을 떠내려야 하는
그런 미친 짓을 하려 해도
그런데 말입니다
천하의 주인이신
전지전능하신 하나님께서
기획하시고 연출 감독하시면서
'너는 열심히 사는 사람이 되어라'
명령하시고 주관하시면
인간 세상사!

한 치 앞을 모르잖아요
「알 수 없어요」 전문

삶의 구체성을 정밀한 필력으로 구성하는 표현력이 돋보인다.

인간의 도전은 무모하다. 때로는 미친 짓이라 비난받기도 하지만, 그 도전이 성공하여 찬사를 받을 수도 있다.

중국 속담에도 우공이산(愚公移山)이라는 말이 있다. 이는 어리석은 사람이 산을 옮긴다는 말로 남이 보기엔 어리석은 일처럼 보이지만, 한 가지 일을 끝까지 밀고 나가면 언젠가는 목적을 이룰 수 있다는 말이다.

'너는 열심히 사는 사람이 되어라.'라는 하나님의 말씀을 실천하면, 누가 알겠나? 그 일이 이루어질지….

믿음 가운데 살아가는 시적 화자의 정신세계가 돋보이고 있다. 세상을 바라보는 건강한 시 정신이 아니고 무엇이겠는가?

4. 추억의 서랍장

올여름은 너무 더워서
입맛 밥맛을 잃어
굶는 날이 많았다며
모기가 투덜거렸다
너무 더워서

올해는 사랑도 못했다면서
매미가 비틀거렸다
너무 더워서
죽을뻔~~했다
겨우 살아났다. 나도
그랬냐?
그럼 나는 어땠것냐?
상상이나 해 봤느냐?
너무 뜨거워 열받아서
혈압이 터질 뻔~~~하마터면
온 천지가 불바다가 될뻔했단다
내가 누구냐고?
저 높은 곳에 살고 있다
?~~~이다

「너무너무 더워서」 전문

   소제 선정의 참신성이 돋보인다. 시어의 정제된 선택도 한몫하고 있다. 자기만의 개성이 기발한 상상력을 형상화하는 데 성공했다.

   생활 현장에서 진지한 사색을 통해 메시지를 전달하려는 의도를 잘 나타내고 있다.

   시의 독창적인 재해석은 일반 해석을 뛰어넘어야 시의 품격을 높일 수 있다.

   모기나 매미를 등장시켜 자연현상인 더위를 재구성하고 있다.

이것은 바로 우리 삶의 모습이다.

이 작품은 독자들에게 감동과 재미를 주고 있다.

이렇게 삶의 현장에서 건져 올린 친근한 시가 서정시의 매력을 돋보이게 한다. 마지막 연에서는 의문부호를 던져 독자의 상상력을 자극하고 있다.

시에서 마지막 행은 독자에게 여백을 남기는 것으로 마무리해야 한다. 독자에게 생각하는 여유를 주어야 하기 때문이다.

여름 내내
들 밭의 곡식 익혀 내느라
농장의 과일 익혀 내느라
내 몸 뜨거워
열병을 앓았느니라
이제는, 나도
시원하게 살고 싶구나
늦잠도 좀 자고 싶구나
「햇님의 작은 소원」 전문

시는 언어로서 그려내는 그림이다. 시를 읽을 때 한 편의 그림이 떠오른다면 성공한 작품이다. 한 폭의 정물화가 되어 햇빛의 노력과 위대함을 말하고 있다. 아름다운 서정시가 들려주는 개성적인 목소리가 들리는 것 같다.

살아있는 생명체는 햇빛이 없으면 살지 못한다. 들판의 곡식과 과일을 익히고 여물게 하는 일등 공신인 태양의 노고가 한편의 그림이 된다.

　마지막 연에서 태양처럼 열심히 일한 작가 자신도 이제 쉬고 싶다고 했다. 햇빛처럼 열심히 살아온 자신을 돌아보며 주관적 경험으로 전개해 나가고 있다.

　이 작품은 일인칭 주인공 시점이다. 햇님이 하는 소리를 나타내고 있기 때문이다.

　시를 창작할 때 관찰자 시점보다는 주인공 시점으로 나타내는 것이 독자의 관심을 끌 수 있다. 감정 이입을 통하여 햇빛의 마음을 잘 나타내었다.

　　옛날 옛날 먼~~옛날에, 집에
　　귀한 손님이 오신 날
　　손님 밥상 위엔 하얀 쌀밥
　　내 밥그릇엔 보리밥
　　나는 그만
　　숟가락을 입에 물고
　　흰 쌀밥만 쳐다보고 쳐다보고
　　엄마의 혼내는 소리
　　그러거나 말거나
　　손님 마음 짠~~~하게 흔들려
　　내 밥 그릇에 흰 쌀밥 듬뿍
　　눈물 겨워라!
　　나는 싫다 지금도

재미없다. 보리밥
　　　　　　　　「보리밥(1)」 전문

　어려웠던 지난날의 한 토막이 불려 나온다. 꽁당 보리밥에 된장국으로 배를 채우던 그 시절이 지금은 그리움으로 다가온다.
　'손님 마음 짠하게 흔들려/내 밥그릇에 흰쌀밥 듬뿍/눈물겨워라.'
　작은 일에서 온화한 인간애를 탐색하는 순정적 이미지가 무리 없이 발현되고 있다.
　삶에 대한 진지한 사유가 소박한 내면세계로 무한대로 펼쳐 나가 서정성을 더욱 심도 있게 나타내고 있다.
　'나는 싫다 지금도/ 재미없다. 보리밥'
　그때 그 시절을 생각해 보면, 가난으로 고통스러웠던 시절이었다. 그러나 거기엔 인간미가 넘쳐흘렀다. 보리밥을 먹기 싫어 숟가락만 빨고 있는 어린아이에게 자기 쌀밥을 듬뿍 퍼서 담아줬다고 했다. 여기에 인정까지 담아 주었으리라.
　보리밥 하면 떠오르는 일화가 있다. 조선시대 영의정을 지낸 권철은 550리나 되는 안동 예안을 찾아 퇴계 선생을 만난 적이 있다. 권철 영의정은 권율 장군의 아버지다. 권율 장군은 임진왜란 때 행주산성에서 크게 승리한 장군이다.
　퇴계 선생은 권철 재상을 자기 집으로 모셨다. 저녁 식사로 보리밥에 가지나물, 콩나물로 대접했다. 그러나 입에 맞지 않은 권철 재상은 식사를 제대로 하지 못했다. 그 이튿날 아침에도 마찬가지였다. 그래서 권철은 식사 관계 때문에 일찍 떠나려고 했다.

권철 재상은 떠나면서 퇴계 선생께 한마디 좋은 말을 해달라고 했다.

퇴계 선생은 잘 모시지 못하여 죄송하다고 하면서 식사에 관하여 이야기했다. 백성들은 꽁당보리밥에 된장 하나로 먹는데, 우리가 먹는 식사는 훌륭하다고 하였다.

관과 민의 생활이 격차가 커서 나라가 걱정된다고 했다. 한마디로 여민동락(與民同樂)을 말하려 한 것이었다. 그래서 권철은 고마운 충고 달게 받겠다고 하고 돌아온 후 이를 실천했다는 이야기다.

보리밥을 먹으며 살았던 지난날의 이야기는 많은 사람이 공감하리라. 솔직 담백한 표현이 오히려 더 정답다.

이른 아침 동이 틀 무렵
창밖이 시끄럽다. 아파트 베란다 밖의 공터다
오래된 나무 몇 그루 있고, 그 나무 높은 곳에 3, 4개
정도의 까치집이 있다.
이상하다, 평소에 듣던 까치의 소리가 아니다,
분명 대화가 아니고 싸움을 시작하는 것 같다.
커텐을 젖히고 창문을 열어 밖을 보게 됐다.
그런데 까치 한 마리가 다른 까치 한 마리를 따라

다니면서 꾸짖듯이 혼내키고 있는 것이다.
쫓겨다니면서 뭐라고 변명을 하는 것 같은데 통하
지가 않는다.
나무 위로 올라갔다가 옆 나무 위로, 다시 내려와서
땅으로~~
계속 피해 다니면서 뭐라고 대꾸를 하긴 하는데 먹히 지가 않는다.
뭐를 얼마나 잘못했기에 저토록 쫓아다니면서 혼내키는지~~~
더욱 궁금해졌다
내 머릿속은 복잡한 사건 속을 헤매고 있다.
드디어 옆에 있던 까치 한 마리가 그만하라며 까~악 까~
악 하기도하고, 그러자 또 다른 한 마리는 혼나야
한다면서 깍깍깍 옆에서 거들고 있다.
도대체, 무슨 잘못을 했기에 저토록 쫓아다니면서
나가라는 식으로 성질을 내고 있는 것일까?
아차! 이제 알 것 같다. 이른 아침에 저토록 기를 쓰
고 싸우는 이유는 뻔하잖아요? 남편 까치가 바람피
우고, 외박하고 들어온 게 틀림없다.
그러니까, 저토록 따라다니면서 빨리 나가라고
성질을 내고 있구나.
짝꿍이니까. 바람피우는 꼴 용서못한다. 이거지!
그럼 다른 두 마리 까치는 왜? 그러니까 그만하라
고 까~악 까~악 하던 까치는 아들내미 까치고 혼
나야 한다면서 깍깍깍 편들었던 까치는 딸내미 까치지

「바람난 까치」전문

개성적인 사유와 상상력은 독자를 무한한 사유의 광장으로 인도한다.

'바람 난 까치' 제목부터가 개성적이라 웃음이 나온다. 여기서 서정적 자아는 따뜻한 시선으로 사물을 바라보고 있다.

까치 가정을 통해 한 가정에서 일어날 수 있는 평범한 사건을 다루고 있다.

시인은 남이 못 보는 것을 볼 수 있어야 하고 남이 듣지 못하는 것을 들을 수 있어야 한다. 어렵지 않은 묘사가 특징이다. 그저 이야기하듯 풀어내고 있다. 하찮은 소재 하나가 눈길을 뗄 수 없는 가작을 빚어내고 있다.

시인의 상상력은 대상을 내면으로 끌어들여 감정 이입을 통해 재구성된다.

까치 소리가 요란한 아침, 시인은 그 까치 가정으로 깊숙이 들어가 그들의 속내를 알아본다. 울음소리 하나하나가 개성적임을 발견한다. 놀라운 관찰력과 상상력을 지닌 시인이다.

쫓고 쫓기는 까치를 보며 바람 난 가장을 상상했다. 웃음이 절로 나온다. 여기서 끝나지 않고 딸 까치는 엄마 편이 되고 아들 까치는 아빠 편이 됐다. 한편의 동화를 보는 듯하다. 짧은 글 속에 많은 이야기를 담고 있다.

개성적이고 참신한 작품이다. 언어의 연금술사처럼 시어를 다루는 솜씨가 보통이 아니다.

5. 나의 시 나의 삶

책장에 꽂혀있는 종이책들
나와 함께 살아온 세월만큼
늙어있다
내가 힘들고 외로울 때 방황할 때
위로해 주었던
힘이 되어 주고
용기가 되어 주었던
많은 대화로 밤을 세웠던
이제는, 내 눈 어두워져
자주 만나지 못해도
너희들의 등짝만 봐도
나에게 무슨 말을 하려고 하는지
나는 안다.
내 인생의 동반자로
나와 함께 늙어 가고 있는
종이책들
사랑한다

「서재에서」

작품을 꿰뚫고 있는 시 정신의 핵심은 사물과 그 현상에서 본질을 직관해 내는 서정적 상상력이다. 문학은 자기 규명을 향한 열망의 표현이다. 이 열망은 자신에 관한 관심에서 비롯된다. 자신을 둘러싼 세계에 대한 해석은 자기 규명 요건이다. 감동은 개별적 경험의 성찰에서 공감은 주관적 경험의 의미화에서 만들어 간다.

함께해 온 서재에서 그들과 대화의 시간을 가진다. 관조 대상인 서재를 통해 자신의 존재를 찾아내고 형상화 작업을 거쳐 시적 완성도를 높이고 있다.

지인으로부터 받았던 책이나 자신이 애독하던 책이 꽂힌 서가를 보며 나와 함께 늙었음을 깨닫게 된다. 누렇게 빛바랜 책 속에는 젊은 날의 꿈이 녹아있다. 책 한 권 한 권을 마주하며 그를 만났을 때로 돌아간다. 힘들고 외롭고 방황할 때 위로해 주었고, 버팀목 역할을 해냈다고 회상한다.

'내 인생의 동반자로/나와 함께 늙어가고 있는/종이책들/사랑한다.'

서가에 꽂힌 책에 자신의 감정을 이입하고, 생활 속에서 삶의 가치를 문학적으로 접목한 역량이 돋보인다.

詩想에 잠겨
생각 사이사이를 방황하는 말들
내 詩는 어떤가
곱게 꾸미고 단장한, 예쁜 옷 입힌 글만
밖에 내보내고
택함 받지 못한 수수한 글들은
연습장 뒤편에 폐지로 묻힌다
외출 한번 못해본

눈치 없는 착한 글들
남의 눈치 보느라
가슴속 말은 억누르고
머릿속 말들만 앞세워
아양 떠는 글이라면
평생 갈고 닦아도
진정성은 없을 터!
이런 허구의 글들이
이런 가짜 아닌 가짜들이
내 이름을 가지고
장난질을 하는 거 아닌가?

「내 詩는 어떤가」 전문

시인으로서 자기 반성문이다.

시인은 진솔한 생각으로 글을 써야 한다고 경종을 울려주고 있다. 껍데기만 화려하게 달고 나와서 좋은 작품인 것처럼 화장한다. 가짜 아닌 가짜가 판을 치는 세상이다. 상당히 공감이 가는 글이다.

착한 글, 수수한 글들은 화려한 글에 밀려 뒤쪽으로 배치되는 현상을 꼬집어 말하고 있다.

오늘날 모래알만큼 많은 시인이 쏟아져 나오고, 영혼 없는 작품들도 얼굴을 내민다. 언어의 비틀림으로 감동을 주지 못하고, 무슨 말을 하는지 알 수 없는 작품들이 판을 치고 있다.

그러므로 독자는 시를 외면하고, 독자 없는 시는 갈 곳을 찾지 못한다. 출판사는 문을 닫고, 시인은 그 임무를 다하지 못하는 악순환이 반복되고 있다.

독자에게 사랑받는 작품은 어떤 작품일까?

주제가 분명하고 자신의 개성적인 이야기로 독자에게 감동을 주는 작품이다.

요즈음에 와서 시가 산문화 되어가고, 시적 장치가 사라진 작품들이 나타나고 있다. 독자에게 의미가 전달되지 않는 작품이 시라는 명찰을 달고 버젓이 행세하는 시대다.

'내 이름을 가지고 장난질하는 거 아닌지?'

여기에서 진솔한 시인이 환영받지 못함을 에둘러 고백하고 있다. 바로 화자의 자기 고백서다.

약속한 일도 아닌데, 불쑥불쑥 나를 찾아와
인사 하는 둥 마는 둥 도망치듯 사라져가는 애들을
조심스레 붙잡아,
도망가 버리지 못하도록
잘 달래고 얼래어
내 가슴 깊은 곳에 모셔놓고
열쇠 잠궜지요
나 혼자만의
깊은 밤 시간이 되면
열쇠 열고

잠들어 있는 애들을
조심스레 모십니다
한 마리 소가 되어
밤새도록 되새김질 합니다
「詩를 만들다(1)」

시 창작의 모습을 이미지화하였다. 역동적 이미지를 통하여 시적 형상화에 성공한 작품이다.

하나의 작품을 완성하기 위하여 시인은 해산의 고통을 치른다. 시 창작 과정을 차례대로 제시하였다. 이미지가 떠오르면 가두어 두었다가 밤이 되면 이미지를 배열한다. 창작을 위해 감추어 두었던 제재를 하나씩 끌고 와서 시 창작에 임하는데, 이를 소가 되새김질한다고 하였다.

얼마나 되새김질하고, 또 삭혀야 좋은 작품이 나올까?

김남숙 시인은 언어를 다루는 솜씨가 예사롭지 않다. 시인은 시 한 편을 위하여 수없이 퇴고하여 농익은 작품을 창출해 낸다. 이 점을 나타내고자 한 것 같다.

시는 에둘러 묘사해야 한다. 그런 점에서 이 작품은 성공한 작품이다. 구성이 자연스럽고 시를 끌고 가는 힘이 탄탄하다.

정성들여 반찬을 만들고
밥상 차려 먹었습니다. 이제

잘 자고 내일 보자며
자리에 눕혔습니다. 그런데
자꾸 뒤척거리는가 싶더니
체한 듯 가슴을 두드립니다
나는 불안하여 불을 켜고 일으켜 세웠습니다
소화가 안 되어 답답하다기에
'쉬운 詩語'라는 소화제를 먹이고
등을 두드려 주었습니다
딸꾹질 몇 번에, 엉덩이를 들더니만
방귀를 길게 내놓습니다
이제야!
詩 한편이 편히 누워
잠이 들었습니다

「詩를 만들다(2)」전문

 이 작품은 의인화가 돋보인다. 묘사가 개성적이라 시다운 멋과 맛을 주고 있다. 시 한 편을 살아 움직이는 사람의 모습으로 나타내었다.
 편안하게 자고 싶지만, 자꾸 생각이 나서 詩를 살펴본다. 마치 아기를 잠재우는 것으로 비유하였다.
 '쉬운 詩語'라는 소화제를 먹이고/등을 두드려 주었습니다. 에서 시에 대한 사랑이 얼마나 큰 것인가를 알 수 있다.
 이 작품에서도 시 창작의 어려움을 나타내고 있다.
 한 편의 시를 창작하기 위해 겪어야 하는 고통은 산모가 어린

아이를 세상에 내놓는 아픔과 같다고 했다.

시인은 무수한 아픔을 견뎌내어야 좋은 작품을 만들 수 있다.

마지막 연에서 '詩 한편이 편히 누워/잠이 들었습니다.'에서 독자에게 사유의 공간을 마련해 주고 있다. 여백을 남겨 두는 것은 독자에게 더욱 친근하게 접근할 기회를 준다.

이 작품도 독자에게 교훈을 주고 재미를 주는 작품으로 인식된다.

6. 나가기

김남숙 시인의 첫 번째 시집 「바람난 까치」는 포장되지 않는 순수한 시어로 독특한 시 세계를 추구하고 있다. 투명한 시심의 소유자로 가슴에서 가슴으로 전해지는 시인의 따뜻한 마음은 우리의 잃었던 詩情을 회복하게 한다. 작품 전체를 볼 때 비유와 상징이 주류를 이룬다.

김남숙의 첫 시집 「바람난 까치」는 무리 없는 단락의 흐름과 호흡이 독자에게 안정감을 주고 있다. 두런두런 이야기하듯 친근감이 물씬 풍긴다.

일상에서 건져 올린 평범한 소재로 명상적 사유와 함께 생명 존중의 철학을 나타내고 있다.

이 작품은 호흡이 대체로 짧으면서 교훈을 주고 있어, 아포리즘의 시라고 볼 수 있다.

　주제를 선명하게 드러냈기 때문에 독자에게 쉽게 다가갈 수 있다.

　시어를 자유자재로 운용하는 솜씨가 청산유수(靑山流水)와 같음을 보여준다. 이 시집에서 주로 동적이미지를 나타내고 있다는 점이 훌륭하다.

　김남숙 시인의 시는 예리한 관찰력이 돋보이며, 독자로서는 음악성 또는 리듬감이 충만한 현대 시를 마주할 수 있다.

　앞으로 무한히 뻗어나가 한국 시단의 거목이 되리라 믿는다. 김남숙 시인의 첫 시집 「바람난 까치」가 독자에게 사랑받을 것이라 자신 있게 말할 수 있다.

| 2부 |

찬찬히 뜯어 보기

생각하는 시, 깨달음을 주다

채수영 『꽃아 떨어지지 말아라』
정구찬 『나의詩』
도해 스님 『많은 날의 시간』
오종민 『욕망』
전홍구 『나뭇가지 끝에 걸린 하늘』
채선엽 『대나무』
심상옥 『하루살이 생각』

1. 들머리

계절의 여왕이 5월에 장미꽃같이 수준 높은 작품들이 활짝 꽃을 피우고 있었다. 이렇게 자연의 아름다움 속에서 글 밭은 풍성한데, 마음은 아직도 칙칙함을 걷어내지 못하고 있다.

코로나19 확진자 수가 갈수록 늘어가고 있다. 언제 해방의 기쁨을 맛볼 수 있으려나 아득하기만 하다. 이런 바이러스 천국에서 한줄기 위안을 주는 『한국국보문학』은 희망이 되고 위로자가 될 것이다.

시인은 시를 쓰면서 무엇을 쓸까? 어떻게 하면 잘 쓸 수 있을까? 고민하게 된다.

창작은 끝없는 고난의 길이요, 외로움의 길이기 때문이다.

여기서 시 창작의 기본을 굳이 언급하자면, 한마디로 시는 정서의 표출이다. 그러므로 체험과 상상을 통하여 자신의 마음을 그림으로 나타내는 데 있다.

시인이라면 독자에게 감동, 공감, 재미, 떨림, 울림, 깨달음, 충격, 중에서 하나는 주어야 하지 않을까?

이번 호에서는 생각을 통하여 깨달음을 주는 시를 찾아보았다.

2. 생각하게 하는 사유의 얼굴들

꽃잎이 떨어지면
내 생명 바람에 날리는
그날이 오기 전에
붙잡을 수는 없을까
한 번 가면 사라지는 영영
내 그리움을 어쩌라고
막다름에 서성이는
그림자는 슬픔에 흐느끼는데
꽃잎이 지면 모든 것들은
작별 앞에 울고 있네
붙잡을 수 없는
봄날은 기어가고 있으니
채수영『꽃아, 떨어지지 말아라』전문

채수영 시인의 '文士苑 시첩詩帖30'에 나오는 작품이다.

전체적인 분위기는 쓸쓸한 느낌이다. 인간의 힘은 미약하기 짝이 없으며, 인생의 무상함을 말하고 있다.

인간을 꽃잎으로 치환시켜 놓았다. 막다름에 놓인 자신의 심정을 담담히 나타내고 있다.

'붙잡을 수 없는/봄날은 기어가고 있으니'에서 인간의 유한함을 느끼게 한다.

'그래도 나무를 심었다.' '꽃이 핀 날의 단상' '아직 두려움은 없다.' '슬픔은 길이 없다.' 등에서도 작별의 의미를 말하고 있다. 인생의 끝자락에 선 시인의 소회를 나타내고 있다. 한마디로 눈물이 핑 도는 작품이다.

이 세상을 향하여 던지는 마지막 메시지라 느껴진다.

채수영 박사는 우리나라에서 가장 많은 작품을 발표하고 있는 시인이다.

진솔한 묘사가 진한 감동으로 다가온다.

하루빨리 쾌유하시길 빈다. 건강한 모습으로 창작하시는 시인을 오래오래 볼 수 있었으면 좋겠다.

고개 쳐들어 목 터지라 외쳐도
대꾸 없는 세상
신문과 방송은 끈질기게 흔들어 댄다.
가로등 낮잠에 빠져 졸고 있는 공원
그네에 몸 싣고 흔들어 봐도

세상은 여전히 멈추어 있다.
보고 들은 것 다 잊고 싶어
소주 한 병 통째로 훌딱 마셔 버리고
병든 세상 몽땅 담아 병마개 꼭 잠근다
살맛 나는 세상인데
멀리 서 있는 나뭇가지 끝엔
아직도 하늘이 걸려 있다

전홍구 『나뭇가지 끝에 걸린 하늘』 전문

25시의 작가 '게오르규'는 시인이 괴로워하는 사회는 병든 사회다.라고 하였다. 괴로운 현실을 직시한 이 작품이 가슴으로 다가온다.

1연과 2연에서 시적 자아의 몸부림이 잘 나타나 있다. 목이 터지라 외쳐도 보고, 온몸을 흔들어봐도 대답 없는 메아리로만 그친다. 라는 표현은 암울한 현실을 나타내고 있다.

3연에서 소주 한 병 통째로 훌딱 마셔 버리고/ 병든 세상 몽땅 담아 병마개 꼭 잠근다.

시적 자아의 구체적 행위를 제시하고 있다. 뒷부분은 재미있는 묘사이며 독창적이다.

4연에서 시적 반전이 일어난다. 아직도 우리에겐 희망이 있다는 것으로 대미 大尾를 장식한다.

전홍구 시인의 낯설기 기법은 시의 맛을 더해 주고 있다.

잠이 오지 않는 밤에는
비듬을 긁어내듯 詩를 쓴다
하얀 종이 위에
피부염을 앓는 생각들이
고물고물 떨어져
더러는 꽃인 양 피어나기도 하지만
오랜 노숙老宿으로
허리께가 차가워진 나의 글은
오늘 밤
고사리처럼 간절하게 마르다가
드디어 빈 원고지 위에서
절망하면 뛰어내리는
나의詩

정구찬 『나의 詩』 전문

이 작품은 시 창작의 어려움을 그림 그리듯 잘 나타내고 있다.

이 시의 장점으로 비유의 참신함을 들고 싶다. 시는 비유가 있어야 시적인 맛을 낼 수 있기 때문이다.

감각적 묘사도 예사롭지 않다.

'비듬을 긁어내듯' '피부염을 앓는 생각' '노숙老宿으로/

'허리께가 차가워진 나의 글' '절망하면 뛰어내리는/ 나의 詩'

등에서 시의 미적 감각을 잘 나타내었다. 문장이 매끄럽고 리듬감도 살아있어 이 작품이 더욱 돋보인다.

한편의 작품을 낳기 위해서는 곰삭아 발효되는 자기 성찰과 아품이 있어야 한다.

> 절망으로 허둥댈 때 좋은 시가 나온다는 것이다.
> 곡예사의 눈물 같은
> 이슬 달고 서 있다.
> 한 뼘 오를 때마다
> 그만큼 서러우면 비워 내고
> 모진 아프면 비워 낸다.
> 거짓과 위선의 옷 벗는다
> 푸른 날개 펼쳐
> 가볍고 깨끗한 영혼으로
> 높은 하늘 기상 향해
> 훨훨 춤을 춘다.
> 춤추며 오른다
>
> 채선엽 『대나무』 전문

대나무라는 객관적 상관물을 통하여 사람이 취해야 할 모습을 말하고 있다.

'한 뼘 오를 때마다 서러움 비워 내고 아픔도 비워 내고 거짓과 위선의 옷 벗어야만 깨끗한 영혼으로 높은 하늘을 향해 훨훨 춤추며 오른다.'라고 하였다.

거짓과 불의가 판치는 세상에 대나무처럼 살 수는 없을까?

시인은 선비다. 선비는 바로 대나무가 아닐까?

대나무에 대한 작품은 시인늘이 즐겨 다루는 소재다. 그러나이 작품은 점층적인 묘사로 새로움을 더해 주고 있다.

'곡예사의 눈물 같은 이슬'은 참신한 비유이며 감각적이다.

이 작품은 다분히 교훈적이다. 따라서 깨달음을 얻을 수 있는 작품이다.

오늘도 평소처럼 미래에는
더 행복하기를 바라며
마음을 다잡고 실천의 괭이를 잡는다
행복의 과정은 너무 힘들고 괴로워도
꿈꾸는 미래의 욕망을 막을 수 없다.
손등으로 뚝뚝 떨어지는 땀을 훔쳐도
흙먼지의 냄새도 감미롭다.
기억할 수 없는 먼 시간
애타게 미친 듯이 행복에 목말라
무한한 날을 찾아다녔다.

도해 스님 『많은 날의 시간』 전문

도해 스님은 경북 상주 관음 선원에서 정진하고 계시는 스님이다. 스님은 속세를 떠나 새로운 세상을 꿈꾸며 진리를 갈구하는 사람이다.

미래의 행복은 실천과 노력으로만 이루어질 수 있다는 보편적인 이야기지만 생각할수록 깊이가 있는 작품이다.

행복을 위해서 실천의 괭이를 잡는다. 행복이 어렵다고 해도 꿈꾸는 욕망을 막을 수 없다. 등의 표현에서 보편적 진리를 나타내고 있다.

'흙먼지의 냄새도 감미롭다.'에서는 일하는 즐거움을 나타내고 있다.

행복은 가까이 있는데, 행복에 목말라 무한한 날을 찾아다녔다는 자성의 목소리를 내고 있다.

모든 것은 마음먹기에 달려 있다. 일체유심조一切唯心造라는 말이 있지 않은가?

하루살이와 파리가 만나
여름날 하루를 잘 놀았다
마음이 통한 김에
"벗이여 우리 내일도
이렇게 즐겁게 놀아봅시다"
하루살이가 고개를 갸우뚱했다
그의 사전에
내일이란 단어가 없기 때문이다
하루를 살다 죽는 하루살이
살아있어도 살아있다고 말할 수 없을 때
나는 늘
하루살이를 생각한다
　　　　　　　심상옥 『하루살이 생각』

이 작품을 읽으면 동시처럼 재미있다. 파리와 하루살이의 대화 속에서 많은 깨달음을 주고 있다.

　인간의 한평생이 긴 것 같이 보일 때도 있다. 그러나 우주 공간으로 범위를 넓혀 보면, 하루살이와 무엇이 다른가?

　하루만 살다 가는 하루살이가 바로 인간이다.

　아웅다웅 다투면서 살아가는 우리의 모습을 잘 나타내고 있다.

　인생사에서 살아있어도 살아있다고 말할 수 없을 때가 그 얼마던가? 하루살이와 같은 인생이라면, 마음을 비우고 살아야 함을 교훈으로 던지고 있다.

　이 작품 속에서 우리는 많은 것을 생각할 수 있고, 깨달음을 얻을 수 있다.

　멍한 눈으로 바라보면
　있지도 않은 것 같다.
　멀리서 바라보아야 보이는
　아지랑이 같다
　어두운 가슴속 한구석에서
　절제되고 짓눌러 있던
　본능의 파편 조각이
　안간힘으로 결박을 풀어내고
　연기처럼 좁은 틈새를 비집고
　스멀스멀 기어 나온다
　푸울풀 흐느적거리는 몸짓으로

먹이를 찾아 나선다

보일락 말락

바람처럼 유령처럼

가끔 반짝 나타났다가

흔적 없이 사라진다

억누르지 않으면

잡아먹힌 뒤에

언제 잡아먹혔는지조차

알 수 없게 된다

오종민 『욕망』 전문

욕망은 형태가 없는 관념적인 단어다. 마음속에 들어 있는 욕심이라는 생각이다.

관념적인 작품을 회화적으로 나타낸다는 것은 쉽지 않은 일이다. 이 작품에서는 욕망을 잘 묘사하여 형상화에 성공하고 있다.

욕망을 비유한 시어를 찾아보자.

아지랑이, 눌러앉아 있던 본능의 파편 조각, 연기, 유령 등으로 나타내었다.

사람의 욕망은 끝이 없다. 짓누르지 않으면 죄를 낳고, 죄는 곧 사망을 낳는다. 시도 때도 없이 일어나는 욕망을 잘 다스려야 한다는 교훈적인 작품이다.

시는 이미지나. 욕망에 대한 그림이 분명히 나타나 있다.

시적인 능력이 예사롭지 않다.

이 작품도 사고를 유도하는 시로써 깨달음을 주고 있다.

3. 마무리

시가 독자에게 한 번 씹고 버려지는 껌의 신세가 되어서는 안 되겠다는 것이다.

그러면 씹을수록 단맛을 더해 주는 작품은 어떤 것일까?

직설적으로 쏟아내는 작품들이 판을 치는 문단에서 머릿속을 맴돌며 생각을 끌어낼 수 있는 작품을 창작해야 한다.

시는 비유와 이미지로 묘사되어 시적인 미감을 주어야 한다. 시어는 일상어가 아니라 함축적인 언어다. 시는 곡선이다. 에둘러 묘사해야 한다.

오늘날 시인들이 별빛처럼 쏟아진다. 시인들이 많아지는 것은 나쁜 일이 아니다. 시인이 많아지는 것은 그만큼 사회가 밝아지리라 믿기 때문이다.

시인은 액세서리 시인과 참 시인으로 나눌 수 있다. 참 시인이 되기 위해서는 끊임없이 정진해야 한다.

시인은 새로움의 창조자다. 누구나 다 아는 이야기를 그대로 전달한다면 누가 쳐다볼까?

출판사가 힘들고, 문을 닫는 문예지가 늘어나는 것은 작가에게도 책임이 있다. 즉 독자가 외면하는 작품을 쓰기 때문에 독자층이 얇아지고 있다는 것이다.

작가라는 이름에 걸맞게 독자에게 깨달음을 줄 수 있는 작품을 위하여 노력해 보자.

국보인들은 국보다. 국보다운 자긍심을 갖고 힘차게 나아가자.

삶의 발자국을 통해
사유의 깊이를 재다

권웅목 『신의 섭리』
도해스님 『우주 꽃』
이윤숙 『하루해를 걸머지고』
문복선 『반달』
김경배 『바다와 어울린 삶』
임정민 『지나온 아카시』
정진상 『고향 친구들』
박종문 『여름으로 가는 길목』

1. 들머리

6월의 뜨거운 햇볕은 온 세상을 콩 볶듯이 볶아대고 있고, 뻐꾸기는 산허리에서 폭군 폭군 하면서 항거하고 있다. 더군다나 코로나19라는 이름표를 붙인 작은 것이 수그러질 줄 모르고 고개를 뻣뻣이 쳐들고 있다.

이런 암울한 현실 속에서도 국보 작가들은 삶을 돌아보고, 사유의 세계를 확장하고 있다.

자연의 궤도 속에서 피고 지는 신의 섭리를 가슴으로 받을 수밖에 없다. 여기서 작가는 자신을 향한 성찰의 시간을 숙명처럼 여기고 창작에 임한다.

삼라만상 중에서 인간은 나약한 존재지만 사유할 수 있는 능력이 있으므로 위대한 존재다.

6월호에서는 삶의 깊이를 문학으로 성화시킨 시를 찾아보고자 한다.

2. 삶의 발자국을 통해 사유의 깊이를 재다.

안타깝게 떨어지는
꽃과 열매들
어느 것이 남아서
결실할는지
알 수가 없고
오늘 하루
삶의 자리에서
무슨 일이 생길지
우리는 모른다
모일 것이 이미
정해진 일일지라도

권응목 『신의 섭리』 전문

단순한 작품 같지만, 깊이가 있는 작품이다. 영리하다고 자부하는 인간도 자신이 언제 생을 마감할지 모른다. 바람에 떨어지는 낙화와 다를 바 없다. 어느 꽃이 열매를 맺을지 모르듯이 인생 또한 내일을 알 수 없다.

권응목 시인의 작품은 꽃과 열매를 객관적 상관물로 나타내고 있다.

마지막 행을 종결하지 않고 열어 두는 열린 마감으로 마무리했다. 이는 시적인 논의가 계속될 수 있는 여지를 남기기 위함이다.

아침에 눈 뜰 수 있다는 것도 감사한 일이 아닌가?

신의 섭리로 운행되는 자연 속에서 우리 인간도 자연의 일부분이라는 진리를 깨우치고 있다.

아무리 발버둥 쳐도 신의 섭리에 순응할 수밖에 없는 게 인간이다. 일찍이 공자님도 하늘에 순행하면서 살아야 흥한다고 말하지 않았는가?

이 작품은 짧지만, 인생철학이 녹아있다.
모래 위에 써 내려간 길 인생의 일기
밀려온 파도에 지워지고 있다.
옛 사연 하나둘씩 잊으면서 살다가
다시 가꾸어 가며 살라는 하늘의 뜻일까?
우리의 삶이 비록 비바람 속에 출렁이는
너울과 같은 삶일지라도
바닷가 작은 언덕에서 두 손 모아 기도하는
여인의 마음속에 그려진 삶처럼
파도에 다름이 있는 마음을 띄워 보내고
같음을 담은 마음이 실려 오기를 기다려 본다.
진정한 우리들의 참다운 삶은
깊은 바닷속의 고요함을 닮아가는 삶이 아닐까?
먼바다에서 고래의 꿈은 밀려오고
추억은 파도와 멋스럽게 어우러져

덩실덩실 취기 어린 탈춤을 추고 있다

　　　　　　　　김경배 『바다와 어울린 삶』 전문

　이 작품은 연 구별이 없는 비 연시다. 1행에서 4행까지 모두 1연에 해당한다.

　1행에서 2행까지 인생의 발자취를 지운 파도

　3행과 4행에서 인생의 삶도 파도처럼 지우면서 살아야 한다. 내용 면에서 1연에 해당한다.

　5행에서 10행까지는 2연에 해당한다. 2연에서도 우리의 삶이 시련과 고난 속에 살더라도 두 손 모아 기도하면서 살아가라고 했다. 삶에서 우리와 다름은 떠나보내고 같음의 마음이 실려 오기를 기원하고 있다.

　마지막 3연은 11행에서 15행까지다. 여기에서는 바닷속의 고요함을 닮아가는 삶을 강조하고 있다. 마지막 3연에서 고래, 꿈, 추억, 파도 등이 유기적으로 이어져, 역동적이다.

　우리의 삶은 언제나 산 넘어 산이다. 한 고개를 넘으면 또 한 고개가 기다리고 있다. 이런 팍팍한 삶에서 자연은 우리에게 편안한 삶을 안겨주고 있다. 지나간 어려움을 잊고 기도하는 소녀처럼 감사하는 마음으로 살아간다면 아름다운 삶을 누릴 수 있으리라.

　낮은 목소리로 던지는 메시지가 잔잔한 울림으로 다가오는 작품이다.

> 끊임없이 재생하는 저마다의
> 꽃들은 때가 되면 조용하지만
> 큰소리로 자기의 탄생을 우주에 알린다
> 가치 없이 의미 없이 피는 듯해도
> 이름과 색과 특징을 가지고
> 보란 듯이 당당하게 핀다
> 모든 존재는 고유한 개성과
> 아름다운 행복을 갖춘
> 유일한 우주 꽃이다
>
> 도해스님 『우주 꽃』 전문

우주 만물의 생성은 그저 무의미하게 생성되는 것이 아니고, 의미를 가지고 탄생한다.

신의 섭리로 운행되는 우주의 모든 자연물은 저마다 가치를 가진다.

탄생은 축복이다. 탄생과 동시에 이름이 부여되며, 존재의 가치를 발한다. 가지각색의 특징을 갖고 존재의 집을 짓는다. 존재하는 것은 모두가 아름다운 꽃이다.

꽃들은 생명을 자랑하고, 나날이 변모하면서 특성을 나타낸다.

이 작품은 의미론적인 가치를 지닌 작품이다.

단순한 작품이지만 우리 인생을 성찰할 수 있는 계기를 마련하고 있다.

도해 스님의 작품은 불교적 철학을 담고 있다.

> 5월의 아침 창문을 열면
> 코끝을 간지럽히는 아카시 향기
> 수다 떨던 소녀들도
> 교장 선생님의 긴 훈화도 사라지고 없는데
> 마음은 어느새 교정문에 서 있다
> 운동장에 아카시 꽃잎이 펄펄
> 아이들 얼굴엔 함박웃음 가득
> 하나씩 잎을 따서 가위바위보
> 이마에 벌겋게 꿀밤 도장 찍혀도 깔깔깔
> 꽃잎을 따서 허기를 채우면
> 저녁노을도 향기로웠지
> 다시 아카시 꽃잎 하얀 눈 되어 내리는데
> 나는 이미 꽃을 지나왔네
> 　　　　　　　임정민 『지나온 아카시』 전문

이 작품은 체험을 통한 작품이다. 아카시 꽃향기에 취했던 소녀 시절의 추억이 생생하다.

필자도 교직 생활을 떠난 지 오래되었는데도 학교 종소리가 들린다. 때로는 출근을 빨리해야 하는 데 늦었다고 깜짝 놀라서 깨어보면 꿈이었다.

'지나온 아카시아'도 임정민 시인의 추억 속에 남아있는 모습을 시적으로 형상화 시켜놓았다.

내용으로 분석해 보면 1연 5월의 향기, 2연 교정에서의 추억, 3연 운동장에서 아카시 놀이, 4연 아카시에 대한 추억으로 되어 있다.

학교 재직시절의 아름다운 추억을 통해 자신의 소녀 시절을 회상하고 있다.

동시대의 사람들은 잔잔한 울림으로 다가오며 공감으로 다가온다.

마지막 부분 '다시 아카시 꽃잎 하얀 눈 되어 내리는데/ 나는 이미 꽃을 지나왔네'에서 대미를 장식하고 있다. 이 부분이 한층 수준 높은 작품으로 이끌고 있다.

'코끝을 간지럽히는 아카시아 향기'는 촉각을 후각으로
'이마에 벌겋게 꿀밤 도장 찍혀도 깔깔깔' 시각을 청각으로
'저녁노을도 향기로웠지' 시각을 후각으로
공감각 이미지를 통해서 시적 미감을 높이고 있다.

무지개를 찾아가듯 달려간다
숨 가쁘게 달려간다
할머니 대학생은 너무나 고달프다
바람 따라 가버린 시간이여
컴퓨터 시간에도 오타가 밀물처럼 달려온다

아무리 수정해도 돋아나는 잡풀처럼
고개 쳐드는 바이러스
모든 일에 때가 있는 데
지각생인 나는 언제나 허둥댄다
달리고 달려도 제자리
돋보기 너머로 한줄기 비가 내린
새로운 길을 내기 위해
아직도 달린다 하염없이
바람처럼 달린다
오늘도 그리고 내일도

현월 이윤숙 『하루해를 걸머지고』 전문

이 작품은 늦깎이 대학생이 되어 공부하던 생생한 체험의 묘사다. 평생교육이란 말이 현시대에는 어색하지 않다. 지금은 시시각각으로 변모하는 세상이라 지식의 주기도 갈수록 짧아진다. 끊임없는 정보화 사회를 따라가기가 벅차다.

만학晩學대학생이 된 할머니가 자신의 모습을 묘사하고 있다. 아침이면 눈뜨기가 바쁘게 학교에 가야 하고, 젊은 학생과 함께 학습해야 한다. 더군다나 컴퓨터 세대가 아니므로 어려울 수밖에 없다.

새로운 희망을 안고 달려가는 모습이 화면처럼 선명하게 나타난다.

'무지개' '밀물' '잡풀' '바이러스' '한줄기 비'는 은유적인 묘사다.

시는 비유와 이미지가 들어 있어야 시의 맛과 멋을 줄 수 있다.

하루해를 걸머지고 가는 할머니 대학생에게 힘찬 박수를 보내고 싶다.

다음은 우리 민족의 정서를 담고 있는 시조에 대하여 언급하고자 한다.

700년의 역사를 가진 정형시는 나라의 보배다.

그러나 시조에 대한 국민의 관심도가 떨어지고 있는 현실이라 안타깝다.

시조 작가들이 분발하여 좋은 작품을 발표함으로 국민의 관심을 되돌릴 수 있다고 본다.

기둥도
서까래도
휘이고 삭았을까
지붕은 날아가고 흐린 창만 걸렸겠지
세월이
비껴갔나 봐
고향집들 그대로네

정진상 『고향 친구들』 전문

단형시조다. 한마디로 깔끔한 작품이다. 적은 말 속에서 많은 것이 담겨 있다.

고향은 우리가 그리워하는 추억의 산실이다.

산업화 사회가 시작되면서 우리 고향은 추억만 남고 모든 것이 무너져내리고 있다.

고향에는 잡풀들이 자리를 잡아 지경을 넓히고 있다. 무너져 내린 담장과 주인 잃은 문패들이 뒹구는 모습이 우리의 고향이다.

초장에서 '기둥도 서까래도 휘이고 삭았을까' 감정이입을 통하여 쓸쓸한 고향을 그리고 있다.

중장에서 허물어진 집의 모습을 그리고 있다.

종장에서 '그대로 있는 집'에서 반전하고 있다. 시조는 반전에 큰 묘미가 있다.

시조의 구조에서 초장에 3행 중장에 1행 종장에 3행으로 배열했다. 초장과 종장은 대칭적인 구조로 이루어져 있으면서 대조적인 의미로 나타내었다.

형식과 내용의 조화를 이루면서 완성도가 높은 작품이다.

갈증으로 오는 날이
가슴 한쪽 어디 두고
흔들리는 꽃그늘에
젖어버린 맑은 영혼

고독을
털고 있는가
기다림을 감으며

문복선『반달』선문

'반달'도 단형시조다. 45자 내외로 작가의 심상을 나타내고 있다.

반달을 의인화시켜 초장에서는 반달의 이미지를, 중장에서는 상상력을 통한 반달의 내면적인 세계를 나타내었다. 종장에서 반달에 대하여 감정이입 기법을 적용했다. 그러므로 독자들의 사고思考를 심도 있게 끌어내고 있다.

시는 작가의 체험과 상상력을 통하여 이미지화시켜야 한다.

이 작품을 시조의 표본이라 칭해도 무방할 것 같다.

들창가 봄내음에 꽃잎 지니 애처롭고
꽃가지 아롱지니 지는 향을 꺾지 마라
텃밭에 녹음 진 떡잎 등 돌려 잎새 달고
초원에 하얀 꽃길 애잔하니 쓸지 말고
샘물길 송홧가루 하늘가를 물들이면
꼭지는 씨앗을 달고 놀빛을 끌고 넘고
석양에 널부려져 지는 꽃잎 밟지 말고
빈 가지 가련하니 삭정이라 베지 말고
달빛에 몽실몽실한 씨 모깃불에 엉그네

박종문『여름으로 가는 길목』전문

이 작품은 독자를 사고의 늪으로 안내하고 있다. 3수로 이루어진 연시조다.

첫수에서는 봄이 떠나니 애처롭다. 둘째 수에서는 여름으로 나아가는 배경, 셋째 수에서는 모깃불에 영글어 가는 여름을 나타내었다.

시의 어조에서 애절함이 나타나 있다. 세월의 흐름에 따라 계절은 굴러간다.

자연에 대한 사랑이 잘 나타나 있다. 그리고 각운 '고' 요운은 '니'의 반복으로 음악성을 살리고 있다.

시적 기교로서 향을 꺾지 마라. 등은 독창적인 묘사다.

공감을 주고 재미를 주는 작품이다. 특히 정격시조로 매끄럽게 읽히는 작품이다.

6월의 시조 시인으로 선정됨을 축하한다.

3. 마무리

월간 국보문학 6월호에도 좋은 작품이 선을 보였다. 그중에서도 사유의 깊이가 있는 작품을 선정해 보았다.

자연의 흐름에 따라 인간도 흘러간다. 어떤 삶이 바람직한지 생각해 볼 필요가 있다.

그러나 인간의 생각대로 이루어지지 않는다. 우주를 운행하는 조물주의 손에 따라 움직이고 있다. 오직 적멸의 강을 향하여 흐르고 있을 뿐이다. 체험을 통한 작품은 독자에게 공감을 줄 뿐 아니라 자성할 기회를 준다.

정형시인 시조도 이미지화에 성공한 작품들이다.

시에서 이미지는 시의 심장이다. 비유가 없고, 이미지가 없고, 직설적으로 토해내는 관념적인 시가 넘치는 데 대하여 생각해 볼 일이다.

양은순의 작품 『한담해안 올레길』, 박시은의 작품 『벚꽃 연인』, 김희만의 『가을 풍경』도 육화된 작품으로 재미있게 읽었다. 지면 관계로 언급하지 못한 점 안타깝다.

아직도 '코로나19'가 극성을 부리고 있다. 이러한 환경 속에서도 절차탁마切磋琢磨하여 국보 문인들은 더욱 성숙하기를 바란다.

특히 2021년 '한국문학신문' 문학상 수상자에게 축하의 말씀을 올리며 국보 문학의 버팀목으로 더욱 문운이 왕성하길 기원한다.

뜨거운 태양과 맞서며 박덩굴이 달덩이로 떠오르듯 국보인들의 풍성한 작품을 기다리며 필을 놓는다.

詩는 치환을 통해 나타내는 미적 창조물이다

손성자 「선풍기」
이순필 「빗발」
고안나 「하회탈」
권영숙 「가파도」
주 홍 「둥지」
배영순 「들꽃의 향기 가슴으로」
이기원 「초록 숲에서」
원용우 「서재에서」
박희익 「그리운 친구」

1. 들어가기

이제는 함께 가야 하나? 무더위 속에서도 자존심 꼿꼿이 세우고 눈을 말똥거리는 이 불청객 코로나! 밀어내고, 피하고, 백신으로 무장하고, 할 수 있는 것은 다 해 봤지만, 그들은 철옹성 같이 버티고 있다. 그럼 어쩌나? 가을바람을 불러들여 함께 갈 수밖에….

이제 가을의 문턱에서 한국국보문학을 받은 기쁨은 가을바람만큼이나 싱그럽다. 한 손을 가득 채운 두툼한 감촉은 마음을 푸근하게 한다.

국보 가족의 삶이 고스란히 담겨 있는 보물 같은 문학지를 펼쳐본다. 한 편의 시를 읽으면서 넉넉한 삶의 모습을 그려본다. 시는 영혼에서 우러나오는 삶의 진실이다. 그러므로 잘 다듬어진 시 한 편엔 작가의 삶이 녹아있다.

시는 언어에 대한 미적 표현의 대표적 장르라고 할 수 있다. 이런 장르적 특성을 나타내기 위해서는 사물을 이미지화하고, 새로운 의미를 만들어내야 한다.

이번호에서는 치환을 통해 의미를 확산하는 작품을 위주로 살펴보기로 한다.

즉 시는 새로운 이름표를 붙이는 작업이다. 이 말은 평범한 장르적 특성 속에서 예술성이 있어야 한다는 말이다.

이런 관점에서 눈에 띄는 작품을 찾아보았다.

2. 詩는 치환을 통하여 나타내는 미적 창조물이다.

시는 다른 장르와 다르게 함축미를 강조한다.

시어에는 기표記標와 기의記意가 있는데 기표라는 그릇에 기의라는 내용을 담아야 한다.

같은 그릇에 담아내지만 여러가지 내용이 담길 수 있다. 즉 기의가 다르게 나타난다.

다시 말하면 기표라는 그릇에 따라 내용도 다양하다는 것이다.

그 예로 공광규의 소주병에서 '아버지'를 소주병으로 치환시켜 놓았다.

'아버지가 흐느끼는 소리를 들었다. 나가보니 마루 끝에 쪼그리고 앉은빈 소주병이었다'

소주병이란 기표에서 아버지인 기의로 치환되었다.

이번 호에선 이런 작품을 감상해 보자

날개를 달고 날지도 못하면서
더위가 찾아오면 바람이 된다
누군가 옮겨주지 않으면
꼼짝도 못 하는 앉은뱅이
정해진 삶을 받아들이며
외길에서 만들어내는 광주리
밥이었어,
아이들 꿈이었고
앞을 못 봐도 자식에게는 의미였지
더위 속에서도
바람을 실어 나르며
꿈을 엮던
친구 미향이 아버지
가난했던 여름날
선풍기였네

손성자 「선풍기」 전문

손성자의 작품 선풍기는 의인법으로 나타내었다.

선풍기를 나타내는 시어로 '앉은뱅이' '광주리'로 나타내어 선풍기의 모습을 묘사하였다.

  선풍기는 날지 못하고 움직이지도 못한다. 정해진 삶을 살아가는 우리들의 모습을 그리고 있다.

  후반부에서는 선풍기를 미향이 아버지로 치환시켜 놓았다.

  가난하고 어려운 여건 속에서도 시원한 바람을 실어주는 선풍기는 아버지의 사랑이었다.

  미향이 아버지를 선풍기로 치환하여 희망과 꿈을 주고 있다. 새로운 의미를 만들어내는 힘을 높이 사고 싶다.

    소리 없이 피었다
    소리 없이 지는 꽃
    늘 변함없는 그 자리에 머문다
    자세히 볼 수 없었던
    오래 머물러 만질 수 없었던
    들꽃의 향기 지금에서야 느껴진다
    나를 낮추며 품을 수 있었던
    수많은 사연 고이 접어
    있는 듯 없는 듯 다소곳이 핀 꽃
    중략
    척박한 땅에서도
    땅속 깊숙이 희망의 뿌리 내려
    꿈의 언덕에 기지개를 켤 수 있었던
    무언의 가르침이
    내 고향 푸른 언덕에

늘 변함없이 피웠던
어머니의 사랑 꽃향기였음을
가슴을 두드리는
들꽃의 향기 찾아
기억의 언덕길에
가만히 나의 발자국을 찍어본다

배영순「들꽃의 향기 가슴으로」일부분

평범한 소재인 "어머니"를 가지고 형상화하는 솜씨가 돋보인다.

들꽃의 향기 같은 어머니의 사랑이 진하게 다가온다.

'소리 없이 피었다/소리 없이 지는 꽃' '있는 듯 없는 듯 다소곳이 핀 꽃'

'나를 낮추며 품을 수 있었던/ 수많은 사연 고이 접어/ 있는 듯 없는 듯 다소곳이 핀 꽃'

감정이입을 통한 겸손의 미덕을 볼 수 있다.

들꽃의 향기는 어머니의 향기라고 하였다.

어머니의 향기를 찾기 위해 나서는 시적 자아의 모습이 선명하게 보인다.

시인의 상상력과 체험이 시적으로 승화된 작품이다.

이 작품은 감각적 묘사를 통하여 시적 미감을 높이고 있다.

여기에서도 들꽃의 향기가 어머니의 향기로 치환되었다.

땅에 떨어지는 너는 꽃이다
시멘트 바닥에 떨어진 너는 투명의 꽃
내려앉는 자리마다 아픔만큼 튀어 오른다
퉁~, 퉁~, 퉁~가락따라 설운 불꽃이 피어난다
무어라 물음도 없이 벙어리 가슴은 비꽃이 되었는가
계절 없이, 계절도 떨어져 피는 무향 무량의 꽃
무색의 잎을 잠시 펴서 퍼덕거릴 뿐, 오므림조차 없다
꽃은 바닥에 던져진 상흔으로 이내 낮아져 사그라진다
모진 생의 바닥에 부딪히고 깨어진 자리,
패인 구멍마다 무언의 소리가 아리게 박혀 있다
상처는 무거워서 오히려 가볍게 부서지는가
우울과 상심을 엮은 실타래가 오늘따라 땅에 더 어지럽다
붙잡을수록 아득해져 가는 것들뿐,
손 뻗을수록 벌어져만 가는 것들뿐,
상처의 날개가 파닥거린 자리에 피어오른
열없는 눈물무늬, 입도 귀도 달지 못한 언어의 파편들
상념의 빗줄기가 꼬리 길게 이어진다
시간 속에서 우리는 다만 또 하나의 마음속 무늬를 지울 뿐이다
끝도 없는 파문, 생(生)은 예고도 없이 얄궂게 내리는 비인가
요량 없는 어둠과 격정 가운데 직선과 사선으로 눕고 서고
때로 흔들리고 때로 열없이 흩어지며 때로 앞도 뒤도 보이지 않게,
수도 없는 무너짐으로 또 아픈 옹이, 설운 결절로 피는 저 눈물꽃,
물꽃들

이순필 「빗발」 전문

이 작품은 호흡이 긴 작품이다.

6연으로 이루어진 작품이다. 1연에서 3연까지, 비 내리는 모습을 나타내었다. 4연에서 6연까지는 작가의 느낌과 생각을 나타내었다.

빗물을 보고 작품을 끌고 가는 힘이 예사롭지 않다. 빗방울, 꽃, 투명의 꽃, 물꽃, 비 꽃, 무향 무량의 꽃, 언어의 파편들, 눈물꽃 등 다양한 기의로 나타내고 있다.

'요량 없는 어둠과 격정 가운데 직선과 사선으로 눕고 서고, 때로 흔들리고 때로 열없이 흩어지며 때로 앞도 뒤도 보이지 않게 수도 없는 무너짐으로 또 아픈 옹이, 설운 결절로 피는 저 눈물 꽃, 물꽃들'

마지막 연에서 우리네 삶의 모습을 디테일하게 그려놓고 있다.

치환을 통하여 새로운 의미를 만들어내는 작가의 역량이 잘 드러나 있다.

상상력도 높이 살만하다.

오월 숲처럼
네 생각이 푸르러서
내 그리움이
초록으로 물드는 저녁

너도 내 생각 하나로
파랗게
물드는
황혼이면 참 좋겠다

이기원 「초록 숲에서」 전문

이 작품은 한마디로 산뜻하다. '네 생각이 푸르러서 내 그리움이 초록으로 물드는 저녁' 회화적 표현이 작품을 살리고 있다. 시는 이미지다. 1연에서는 묘사하고, 2연에서는 시적 자아의 바램을 나타내었다.

너도 내 생각 하나로 파랗게 물드는 황혼이면 참 좋겠다. 나이는 늙어가지만, 생각만은 젊어야 한다는 의미를 함축하고 있다.

오월 숲에서 물드는/ 황혼으로 시간적 이동이 되고 있다는 점도 눈여겨 볼만하다.

호흡은 짧지만 아름다운 작품이다.

헛웃음 껍데기만 걸친 체
좋아서 웃는 건지
싫어도 웃는 건지
그 속에 슬쩍 들어가 볼까?
헛웃음이라도 실컷 웃어 볼까
속울음 울어도

입이 찢어지라 웃고 있는
이 미련퉁이 눈을 어쩔꼬?
다른 나로 살아가기 딱 좋은 얼굴
다른 나로 살아 보라 한다

고안나 「하회탈」 전문

하회는 경북 안동시 풍천면에 있다. 본인이 여기에서 근무한 적도 있다.

하회는 마을을 안고 물이 돌아간다는 뜻에서 붙여진 지명이다. 하회에서 유명한 것이 하회탈춤이다.

하회 탈춤은 탈을 쓰고 양반의 모순적인 모습과 상민 계층의 솔직한 모습을 보여주고 있다. 양반의 모순을 탈을 빌려 꾸짖는 모습이 재미있다. 풍자와 해학의 탈춤은 신분 질서가 엄격했던 당시에 분노를 표출하고자 했던 상민들의 분출구 역할을 했다.

1연에서 '헛웃음 껍데기만 걸친 채' 여기엔 상민들의 애환이 들어 있다.

'그 속에 슬쩍 들어가 볼까/ 헛웃음이라도 실컷 웃어 볼까'는 아주 재미있는 표현이다.

2연에서 '속울음으로 입이 찢어지라 웃고 있다.'에서 속울음을 극대화시켜놓았다. 역설법이다.

마지막 연에서 '다른 나로 살아 보라 한다' 풍자의 극치다. 오늘날 나답게 살아가는 사람이 한사람이라도 있겠는가? 탈을 덮어 쓰고 제대로 살아가면 좋겠다는 의미를 담고 있다.

다분히 교훈적인 작품이다. 이 작품은 재미를 주는 작품이다.

> 책으로 숲을 이뤄 여백이 없는 공간
> 낯익은 집기들이 무료하게 앉았는데
> 너만을 사랑한다고 책장 자꾸 넘긴다
> 꽃들도 주인 닮아 초로初老의 지친 모습
> 그래도 남은 향기 아쉬워 맡다 보면
> 참아도 도지는 사랑 열병처럼 앓는다
> 그윽한 차 한 잔을 친구처럼 마주하고
> 조수처럼 밀려드는 그리움에 젖어들면
> 고약한 늪에 빠져서 헤어나지 못한다
>
> 　　　　　　　　　원용우 「서재에서」 전문

시조는 3장 6구 12음보의 형태로 구성된 정형시다. 시조는 형식이 생명이다.

형식이 없는 시조는 존재할 수 없다.

시조의 구성면에서 살펴보면 요즈음 파격 시조가 판을 치고 있다. 여기서 정격시조의 구성을 보고 올바른 형식에 맞는 시조 창작에 임해야 할 것이다.

초장 중장 종장 각 장을 놓고 중간을 분리하면 전구는 전구대로 후구는 후구대로 짝을 이뤄야 한다. 전구가 후구로 넘어가는 시조는 율격면에서 문제가 있다고 본다.

오늘날의 시조 중에는 3행시에 불과한 작품을 시조라는 이름으로 선을 보인다.

위 작품은 형식에 철저하다. 시조의 교과서라고 볼 수 있다. 서재에서 있었던 일들이 눈에 선하게 나타난다. 책을 사랑하고 독서에 열중하는 시적 자아의 모습이 선명하게 드러난다.

형상화가 뛰어난 작품이다. 간결하고 담백한 작품이다. 적절한 비유로 시적 미감을 극대화 시키고 있다.

파도의 서랍 열면/ 서러움 울컥울컥
땡볕과 해풍으로/ 까맣게 타는 가슴
청보리 토해내는 숨결/ 밭이랑이 와자하다
삶의 염전에서/ 허덕이는 등지게
모두 다 걸어놓고/ 구르며 발버둥 치며
남몰래 가오리 한 마리 깊은 사연 울먹인다
시인도 섬 하나씩/ 가슴 속에 묻어놓고
외로운 갈매기로/ 떠돌다 돌아와서
시 한 편 울음으로 토해내면/ 섬 하나가 들썩인다

권영숙「가파도」전문

가파도의 모습을 이미지화시켜 놓았다. 형식과 내용이 조화로우며, 시조로서 성공한 작품이다.

파도의 서랍, 청보리, 토해내는 숨결, 등지게 등을 통하여 참신성을 보여주고 있다.

첫째 수에서 가파도의 모습을 묘사했다.

둘째 수에서 가오리 한 마리는 가파도를 나타내고 있으며, 가파도 주민의 삶을 조명하였다.

셋째 수에서 서정적 자아로 돌아와서 사람은 누구나 섬처럼 외롭게 살 수밖에 없다.

우리 모두 외로운 갈매기가 되어 가파도에서 시 낭송을 하였다. 시 낭송을 들은 가파도가 들썩인다. 로 끝맺음하였다.

시조를 자유자재로 나타낼 수 있다는 것은 쉬운 일이 아니다.

마지막으로 특집 '한반도문학회'에 게재된 두 시인의 작품을 살펴보자.

친구가 그리워지는 날엔
소식이 더더욱 궁금해
왜 그렇게 보고 싶었는지
살아 있는지 아님 고인이 되었는지
마음 구석구석 차곡차곡 쌓인 우정
빈틈없이 꿈을 넘겨보고 싶다
어두운 것은
막힌 통로가 아니라
가까이 살면서
수십 년 동안
찾아 헤매었지
밤마다 꿈을 꾸기도
외롭고 그리울 때 만나게 되어

끌어안고 눈물이 나도 참았지
양쪽 귀가 장애가 있어 가슴 아파
나이는 어쩔 수 없어
그래도 만나 너무 행복했다

박희익 「그리운 친구」 전문

  이 작품에는 친구를 그리는 절절한 심정이 잘 나타나 있다.
  기교가 없이 담담하게 자신의 마음을 고백하듯 서술하였다.
  이 작품을 읽으면 잔잔한 감동이 물결친다. 나이가 들면 친구가 그리워지는 것은 누구나 느낄 수 있는 감정이다.
  박희익 시인은 경남 밀양에서 움막집을 지어놓고 문학활동을 하고 있다.
  비닐하우스 모양으로 지은 집은 엄청 크다. 그 속에 들어가면 천정과 벽면에 우리나라 시인들의 작품이 전시되어 있다.
  터널 같은 움막 속에는 백여 명을 수용할 수 있다. 움막이라는 이름에 어울리지 않는 규모다.
  박 시인은 '文詩동인'을 만들어 후진을 양성하고 있다. 또 시집 16권을 상재한 원로 시인이기도 하다.
  팔순 가까운 나이에도 불구하고 문학 활동을 활발히 하고 있으며, 정이 많은 시인으로 이름나 있다.

아빠가 새벽이슬을 맞으며 출근하고
밤하늘에 반짝반짝 별을 등에 이고 퇴근한다

하늘을 지붕으로
손이 닿으려고 해도 닿지 않은
기약 없는 아득한 둥지를 위해
오늘도 시울 하늘 이래서
발이 닳도록 뛰어다닌다
수도권 이곳 저곳
정기적으로 옮겨야 하는
괴로움을 덜기 위해
엄마의 소망을 이루기 위해
엄마는 오늘도 펜으로
구멍난 청약신청서를 메운다
자고 나면 치솟은 둥지
높은 담장에 심어 놓은 것 같다
평생 아늑한 둥지를 위해
서울 하늘을 달리던 당신
결혼할 사위에게 말한다
둥지 없어 푸른색 박스 딸 손에
쥐어주지 말게
엄마의 호령 한마디로
그 남자는 영혼까지 다 끌어다 둥지를 장만한다
힘들면 처지에 맞는 둥지를 찾아가자는 그녀의 말에
머리만 갸우뚱한다

주홍「둥지」전문

　이 작품은 현실을 반영한 작품이다. 서울의 집값이 천정부지로 올라가고 있다. 영혼까지 끌어다가 집을 산다는 '영끌' 누가 손가락질을 하겠는가?

젊은 사람의 꿈을 무참히 밟아버린 부동산 정책으로 서민들은 신음하고 있다.

문학은 현실의 삶과 떨어질 수 없다. 현실을 반영하면서 올바른 길로 인도하는 것도 문학의 몫이라고 생각한다.

아무리 노력해도 이룰 수 없는 꿈을 안고 있는 서민들의 모습을 그리고 있다.

'새벽이슬 맞고 출근하고, 별 보고 퇴근하는', '둥지 마련을 위해 발이 닳도록 다니는', '구멍난 청약신청서를 메운다', '자고 나면 치솟은 둥지/높은 담장에 심어 놓은 것 같다'

이 작품은 평범한 일상적 소재로 공감을 주는 작품이다.

현실을 바탕으로 한 이런 작품이 많이 창작된다면 독자의 시선을 끌 수 있으리라 본다.

3. 나가면서

무척이나 더운 날씨다. 아침부터 매미 소리가 요란하다. '코로나19'가 날이 갈수록 확진자기록을 갈아치운다. 우울한 여름이다. 그러나 국보 가족들의 옹골찬 문학 활동이 모든 것을 해결한다.

지난 제주문학 기행에서 가파도 푸른 바다와 한라산 백록담의 정기를 이어받으며 문우의 정을 나누었다. 삭막한 시대에 국보라는 플랫폼을 통하여 생각을 나눌 수 있다는 것은 기쁜 일이 아닐 수 없다.

8월호에서 두께 만큼이나 좋은 작품이 나왔다. 시는 우리들의 삶을 정서로 묘사하는 것이다.

문학은 예술이다. 그러므로 예술성이 있어야 한다. 예술성이란 수치로, 객관적으로 나타낼 수 없다. 단지 독자의 공감을 일으켜야만 성공한 작품이다.

객관적 상관물을 통하여 주제를 나타내고, 시적 변용과 치환을 통하여 시적 기교를 넣는다면 좋은 작품을 만들 수 있다.

좋은 작품을 읽고, 쓰고, 사유의 시간을 가진다면 9월호에는 한층 더 높은 수준의 작품이 나올 것이라 기대한다.

국보가족의 건강을 기원하면서 이만 필을 놓는다.

詩는 새 이름을 붙이는 작업이다

성기조「가을1」
임완숙「가을이 깊어지면」
김 준「눈물」
이석규「비 오는 날」
운월 김순일「나의 핸드폰」
이용순「개망초 꽃」
김근수「소록도-2」
전흥구「바지」
정진상「단풍나무」
박성식「고향집」

1. 들어가기

시는 삶의 모습을 비춰내는 거울이다. 그러므로 개인의 내면세계가 거울에 비치게 된다. 자신의 상식이나 체험을 토대로 상상력을 동원해야 하고, 삶의 철학까지 덧입힌다면 한 편의 시가 탄생 될 것이다.

김춘수 시인은 '내가 그의 이름을 불러주었을 때, 그는 나에게로 와서 꽃이 되었다.'라고 읊었다.

시는 이름 붙이는 작업이 가장 중요하다. 무의미한 사물에 의미 있는 생명을 심어주는 작업이 바로 시를 창작하는 일이다.

시는 비과학적이다. 그러므로 시공간을 넘나들 수 있다. 또 무한의 생각을 담을 수도 있다. 시는 사유의 깊이만큼 그 수준도 높아진다.

시인은 새로운 이름을 만들어 내는 창조자라고 말할 수 있다. 시인은 많은 생각을 통하여 시에 새로운 이름을 붙여주게 된다. 이런 과정을 통해 한 편의 훌륭한 시가 태어난다.

시인의 눈이 창조적이고 개성적일 때 독자는 신선한 느낌을 받을 수 있다.

이번 호에서는 이런 점에 중점을 두고 작품을 찾아보았다.

2. 詩는 새 이름을 붙이는 작업이다

새 이름을 붙이는 작업은 치환置換에 해당한다.

시의 특성으로 간결성, 함축성을 들 수 있으며 여기다 미적 표현까지 더해야 좋은 시라고 할 수 있다.

언어는 시니피앙signifiant(기표)과 시니피어signifié(기의)로 나눌 수 있다. 기표에 따라 기의가 여러 가지로 나타날 때 함축적이라고 말할 수 있다.

새로운 의미를 붙이는 것을 시의 확장성이라 한다. 새로운 이름을 붙여야만 시의 아름다움과 신선함이 나타나기 때문이다.

아래의 작품을 통하여 시 창작의 지평을 넓히는 계기가 됐으면 한다.

가을이 하늘을 뒤덮는다
삶의 무게가 어깨를 누르고
햇볕이 엷어지면서
붉게 익은 감이 불씨가 되어
그 온기로
신선한 바람을 막는다

성기조 「가을1」 전문

원로 시인 성기조 시인의 작품이다. 호흡이 짧지만 많은 것을 담고 있다.

가을의 모습을 선명하게 이미지화시켜놓았다.

'햇볕이 엷어지면서'의 부분은 시적 변용이며 독창적이다.

붉게 익은 감이 불씨가 되어 그 온기로 신선한 바람을 막는다고 하였다.

붉게 익은 감을 불씨로 바꾸어 놓았다.

가을을 나타내는 홍시를 통하여 가을의 따스한 이미지를 연출하였다.

가을이 깊어지면
물소리도 단풍이 들어
문득
나무 끝에서 떨어진
가을 한 점

구름 따라 물 위로 흘러간다
고요히 향기에 젖어
너에게로 가는
내 마음처럼

임완숙 「가을이 깊어지면」 전문

  1연에서 '물소리도 단풍이 들어'에서 물소리를 나뭇잎으로 치환시켜 놓았다.
  나뭇잎을 가을 한 점으로 나타내었다. 참신한 언어로 시적 미감을 나타내고 있다.
  가을과 나뭇잎을 일체화시키면서 가을이 흘러감을 나타내었다. 마지막 연에서 후각적 감각과 시각적 감각이 어우러져 공감각을 이루고 있다.
  원로 시인으로서 시의 표본을 보여주고 있다.
  가을의 정서가 환하게 가슴으로 다가오는 작품이다.

지니고 싶은 것이
어찌 웃음 뿐이랴만
세월의 갈피마다
어려움 쌓다 보면
눈물도 그것만큼의
큰 의미를 가진다

김준 「눈물」 전문

김준 시인은 현대시조의 발전에 많은 공을 세우신 원로 시조 시인이다.

열악한 환경 속에서 「시조문학」 발행인의 책임을 다하며 시조의 발전을 위하여 노심초사하였다.

이 작품은 단형시조다. 시조의 본령은 단형시조다. 이 작품에서 웃음과 눈물이 대조를 이루고 있다. 사람들은 웃음을 찾지만, 눈물도 큰 의미가 있다는 것을 역설하고 있다. 눈물을 큰 의미로 치환시켜 놓았다.

생각해 볼수록 깊이가 느껴지는 작품이다. 삶의 철학이 들어있는 작품이다.

토닥토닥 빗소리에
착한 맘이 숨었나 봐
잊었던 무지개가
새롭게 떠오르고
전학 간
짝꿍 생각이
교실에 가득 찬다

이석규 「비 오는 날」 전문

이 작품은 동시조에 해당한다. 어린이의 눈높이로 이루어진 시조다.

'토닥토닥' 의성어로 나타내어 비 내리는 모습을 생동감 있게 그려놓았다.

착한 맘을 무지개로 치환시켜 놓았다.

착한 맘에서 무지개로 무지개에서 짝꿍으로 연결된다.

빗소리와 무지개를 통하여 전학 간 짝꿍의 생각을 떠올리고 있다.

생각이 교실에 가득 찬다는 것은 시적 변용이다.

한마디로 재미있는 동시조 작품이다.

손안의 너
모르는 게 없고
너무 똑똑하다
나의 자식이 된 너
나의 가장 소중한 비서
너에게 너무 빠지면
눈도 나빠지고
자라목이 된다지만
그래도 너에게 빠져 산다
    운월 김순일「나의 핸드폰」전문

핸드폰을 의인법으로 나타낸 작품이다. 오늘날은 핸드폰 없이는 하루도 살기 어려운 시대가 됐다. 그 속에 우리들의 일상이 들어있다.

1연에서 핸드폰의 속성을 말하고 있다.

2연에서 핸드폰을 자식, 비서로 치환시켜 놓았다.

3연에서 핸드폰의 단점이 많지만, 핸드폰에 빠져서 산다.

현실적인 삶 속에서 소재를 찾았다. 직설적인 묘사로 되어있지만 재미있게 나타내었다. 우리들의 모습을 진솔하게 나타낸 작품이다.

사물을 자세히 보고 시적으로 형상화하는 데 성공한 작품이다.

아쉬운 점은 좀 더 에둘러 표현하고, 관념적인 생각에서 벗어나면 어떨까? 생각해 본다.

개망초꽃 무더기로
뜨거운 목숨 사르던
그날의 강 언덕
쏟아지는 폭탄
맨 가슴으로 막으며
쓰러져 간 상혼(傷魂)들
저 물속으로 다시 일어서는
하이얀 아우성
개망초 꽃이여

　　　　　이용순 「개망초 꽃」 전문

개망초 꽃을 전사한 우리들의 병사로 치환시켜 놓았다.

모윤숙 시인의 작품 '국군은 죽어서 말한다.'가 떠오르는 작품이다.

 이용순 시인은 경북 칠곡군 다부동 근처에 거주하고 있는 시인이다.

 다부동은 낙동강 전투가 가장 치열했던 곳이다. 여기가 최후의 마지노선이었다.

 다부동에는 국군 전적비와 기념관이 세워져 있다. 나라 위해 산화된 병사들을 애도하기 위함이다.

 이 전투에서 맨주먹의 학도병과 많은 병사가 장렬히 최후를 맞았다. 이렇게 지킨 나라에서 평안을 누리고 있지만 그들의 애국정신은 사라져가고 있다. 요즈음 그때의 희생이 폄훼되고 있지 않나? 하는 생각이 들 때가 있다.

 이 시에는 그때의 광경이 눈에 선하게 떠오른다. 흐드러지게 핀 개망초 꽃에서 최후의 순간까지 적과 맞서는 병사들의 아우성을 '하이얀 아우성'이라 표현했다.

 흐드러지게 핀 개망초 꽃을 통하여 병사들의 울부짖음을 나타내고 있다.

 그대는 아는가?
 구름꽃 피는 천혜天惠의 섬
 소록도 요양원을…
 저 바다는 아는지
 검푸른 파도 포말 일며

그날의 아픔 유유자적 숨결 되어 흐르노라
당신은 나무가 되고
나는 돌이 되어
다듬어지고 깎이어
피가 튀어 꽃동산이 되고
살이 찢겨 숲 동우리 이루었네.
순백의 영혼들
온몸 불태워
아기 사슴의 슬픈 눈방울처럼
아픔이 솔향기 되어
숨결로 고이 잠든 중앙공원
뭉그러진 손과 발가락, 얼굴들
뭇 인간의 욕심 나무로 일어선
야자나무, 편백, 치자나무가
7천 평의 노여움으로 가득 찼구나
오오!
그대는 아는가?
구름꽃 피는 천혜天惠의 섬
소록도 요양원을…
저 바다는 아는지
검푸른 파도 포말 일며
그날의 아픔 숨결 되어 시나브로 흐른다.

김근수「소록도 - 2」전문

이 작품을 읽으면 한하운 시인이 떠오른다. 천형을 받고 살아가는 모습이 선명하게 드러난다. 5연으로 되어있는 작품이다.

1연과 5연은 반복적인 리듬으로 수미상관법을 이루고 있다.

2연에서 문드러지고 뭉개져서 꽃동산과 숲 동우리로 치환되었다. 4연에서 정서의 표출이 극대화되었다.

사회와 유리된 소록도의 모습을 디테일하게 그려놓은 작품이다. 이 작품은 잔잔한 울림을 준다.

하반신을 빨랫줄에 걸어놓고
바람을 부른다
갈림길 찾아 두 발 끼우고는
하늘로 향한다
주머니 속 좁은 세상
그림자 밑의 온기 느끼며
땀내로 솔기 젖었어도
통치마처럼 돌려 입고 싶다

전홍구「바지」전문

전홍구 시인은 이미지 형상화와 시어를 자유자재로 부릴 줄 아는 시인이다.

독창적인 작품으로 자신의 목소리를 내는 개성적인 시인이다.

바지를 하반신으로 나타내었다. 2연에의 표현은 재미있다. 바지의 펄럭임을 절묘하게 나타내었다.

주머니 속을 한 세상으로 그린 것도 독창적이다.

마지막 연도 웃음을 자아내는 표현이다.

늘 새로움을 찾아 나서는 전홍구 시인의 끈질긴 집념에 박수를 보내고 싶다.

봄부터
파란 옷만
고집을 부리더니
기러기 날아들자 오색 옷 꺼내 입고
긴 여행
떠나려는 듯
옷매무새 가다듬네

정진상 「단풍나무」 전문

이 작품은 자유시처럼 느껴지지만, 정형시인 시조작품이다. 초장을 3행으로 중장을 1행으로 종장을 3행으로 나타내었다. 1행과 3행은 대칭적으로 배열했다.

이 작품은 시간의 이동을 나타내고 있다. 파란 옷에서 오색 옷으로 갈아입는다.라는 것으로 계절의 변화를 묘사하였다.

계절의 이동에 따라 먼 여행을 떠나기 위함이라고 원인을 제시하고 있다.

단형시조로 산뜻하게 이루어져 있다. 시조의 구조는 起 – 敍 – 結의 구조로 이루어진다.

감꽃 한 줌 주우려 꼭두새벽 눈 비비던 아이들
모두 다 어딜 가고 고향 집은 졸고 있다
걸레질 반짝반짝
윤이 나던 대청마루
다듬잇돌 소리 들려온다
행주질로 반짝이던
장독대 너머로
키다리 접시꽃
유혹의 눈길은 여전하네요
엄마 없는 빈집
배릿한 젖 냄새가
송아지 울음으로 번져온다

박성식「고향 집」전문

  유년의 추억들이 샘물처럼 솟아나는 작품이다. 제재를 살펴보면 1연 감꽃과 고향 집, 2연 대청마루 다듬잇돌, 3연 장독대와 접시꽃, 4연 젖 냄새, 송아지 등으로 이루어져 있다. 이런 재료를 통하여 고향 집을 그리고 있다.

  감꽃을 주우려는 아이들의 심리가 잘 나타나 있다. 고향 집도 졸고 있다는 부분은 감정이입이 들어가 있다.

  마지막 연에서 '배릿한 젖 냄새가 송아지 울음으로 번져온다.'는 공감각으로 뛰어난 구절이다. 어머니의 모습이 선명하게 떠오르는 구절이다.

  젖 냄새를 송아지 울음으로 나타낸 점은 시적 미감을 극대화해 놓았다.

3. 나가기

　요즈음 발간되는 문예지들을 보면 양적으로는 많으나 읽을거리가 없다고 한다. 이런 가운데 9월호 한국국보문학은 다양한 읽을거리를 제공하고 있다.
　시에서도 그렇고 소설 및 수필에서도 수준 높은 작품을 선보이고 있다.
　문예지의 질은 작품의 질과 비례한다고 보면 된다.
　이번 호에서 시는 치환을 통하여 새 이름을 만들어 내는 데 중점을 두고 살펴보았다.
　시는 함축적이어야 하기 때문이다. 사전적인 의미에서 벗어나 새로운 의미를 창출하는 데 창작의 가치를 두고 싶다. 다음으로 시의 제목에 대하여 생각해 보았다. 평범한 제목보다 조금은 호기심을 줄 수 있는 제목이면 좋겠다.
　문복선의 '발효의 조화', 원춘옥의 '젖은 문장', 손희재의 '새의 지문' 이현실의 '소리계단' 등을 좋은 제목으로 선정하고 싶다.
　지면상으로 언급하지 못한 작품으로 권영숙의 '쭈그러진 남비', 양은순의 '화산섬', 손성자의 '하늘이 바쁜 날' 등도 좋은 작품이었다.

가을바람이 분다. 떨어진 은행잎을 밟으며 어디론가 떠나고 싶다. 가을은 쓸쓸한 이미지를 만들어 내며 우리를 부르고 있다.

성숙한 가을을 만들기 위하여 대지에 쏟아지는 햇볕은 아직도 따갑다.

詩는 사랑으로 사물에게 말 걸기다

채수영 『숙제를 다했습니다』
오종민 『늙은 사자의 독백』
김태균 『가을 달빛』
이 정 『산사의 밤』
임정민 『저 우주에 네가 있다』
이길옥 『숯』
권숙희 『해랑교』
공대천 『오늘도 연필을 깎는다』
박성식 『환경미화원 아저씨』
배영순 『촛불』

1. 들머리

올해의 마지막 호를 받아 들고, 새록새록 생각나는 일들을 건져 올려 본다. 벌써 12월호의 월평을 쓰다니!

국보 가족의 작품을 보면 작가의 모습이 떠오른다. 따라서 그의 삶도 가슴 속으로 다가온다. 작품 속에는 작가의 모든 것이 녹아있으니까….

시는 무엇인가?

다시 자문해 본다. 한 마디로 '시는 나에게 말 걸기다.'라고 말하고 싶다.

말은 감정을 전달하는 도구다. 그러므로 말을 통해 작가의 감정을 이입시키면 비로소 시라는 이름의 작품이 완성된다.

감정이입이란 내 마음을 상대편에 이동시켜서 하나가 되는 작업이다. 그렇게 하기 위해서는 삼라만상과 대화해야 한다. 즉 내가 말하고 내가 대답하는 형식이다.

중요한 것은 사물과 작가가 하나 되기 위해서는 사랑이 필요하다. 그래서 '시는 사랑이다.'라고 말할 수 있다.

영어로는 엠피시(empathy)라고 한다. 또는 심피시(sympathy)란 말로 혼용하기도 한다.

엄밀하게 따지면 심피시는 동정, 연민, 동조의 뜻으로 완전히 동화되지 않고 마음 일부만 보내는 소극적인 마음의 행위다.

엠피시는 작가와 사물의 마음이 하나 되는 적극적인 마음을 뜻하는 것이다. 다시 말하면 공감을 공유한다는 뜻이다.

또 심피시는 동정의 뜻으로 다른 사람의 곤경을 보고 측은함을 느끼는 수동적인 감정이입이지만, 엠피시(공감)는 관찰자가 기꺼이 다른 대상의 일부가 되어 느낌을 공유하는 것이다. 그래서 엠피시는 깊숙한 사랑이 전제되어야 한다.

부처님의 자비, 예수님의 사랑, 공자님의 인이 합쳐진 마음이 측은지심이다.

좋은 시를 쓰기 위해서는 이런 마음을 가져야 한다.

다음 나옹화상의 선시(禪詩)를 생각해 보자.

청산은 나를 보고 말없이 살라 하고 창공은 나를 보고 티없이 살라 하네. 사랑도 벗어놓고 미움도 벗어놓고 물처럼 바람처럼

살다가 가라 하네

작가가 청산과 창공에 말을 걸었기 때문에 청산과 창공이 나에게 말하고 있다. 작가의 생각이 청산과 창공에 들어가 있기 때문이다.

감정이입이 잘 된 작품이다.

좋은 시인이 되기 위해서 자연을 사랑하고, 자연에 말을 걸어 보십시오.

구름, 산, 나무, 호수, 바다 등을 향하여 말을 걸어보십시오, 그들은 나에게 따뜻한 말로 다가올 것입니다. 뜻하지 않은 시점에서 아름다운 시어가 불쑥 솟아오를 것입니다.

새해에는 더욱 수준 높은 사랑의 시를 기대한다.

2. 詩는 사랑으로 사물에게 말 걸기

지상의 숙제를 다 했습니다
밀린 것이 없이
홀가분한 마음이 가벼워
잠이 들 수 있습니다
태평스러운 표정으로 만나야 할
내일은 선생님 앞에
발길이 당당한 등교일입니다

내 민족은 내가 만드는 노력이라
가볍고 무거움조차 사라진
다가올 아침은 훨씬 가볍고
빛나는 얼굴로 나아갈
당당이 의젓한 학생
할 일을 다한 가벼운 마음에
만나야 할 얼굴들 하나하나를
그림으로 그려서 긴 강을 건넌
이야기를 전하라 하네

채수영 「숙제를 다했습니다」 전문

얼마 전에 생을 마감한 채수영 시인의 작품이다. 이 작품을 읽고 있으면 작가의 유언을 듣는듯한 착각을 하게 된다. 많은 작품을 남기신 채수영 시인은 숙제를 다 하고 떠나셨다.

이 세상에서 시인의 사명을 감당하고 가볍게 떠나신 채수영 시인을 존경한다. 나도 이렇게 숙제를 다 하고 떠날 수 있을까?

월간 문학세계에서 자주 만났던 채수영 시인은 언제나 논리적이고 질서정연하게 말씀하셨다. 단아한 모습으로 언행일치를 보이셨던 원로 시인의 모습이 떠오른다.

'할 일을 다한 가벼운 마음에/만나야 할 얼굴들 하나하나를
그림으로 그려서 긴 강을 건넌/이야기를 전하라 하네'

이승을 떠나면서 남긴 유언 같은 말씀이다.

이 땅에서 자신에게 주어진 숙제를 다 못하고 떠나는 사람들에게 경종을 울리는 작품이다.

나 왕년에는 잘 나갔었어
내 몸 다섯배나 되는
물소도 쓰러뜨렸지
하이에나쯤은
한 주먹 거리였어
할 줄 아는 말이라곤
크르르릉 밖에 없지만
나의 그 한마디에
산천초목이 떨었잖아
나는 왕이었어
곳곳에 나의 씨를 뿌렸지
아아, 하지만 거기까지였어
어느덧 팔다리 힘이 빠져
쫓겨나고 말았지
고작2년만에
덧없는 세월
그 뒤안길로 걸어가고 있는
나 왕년에는 잘 나갔었어

오종민「늙은 사자의 독백」전문

이 작품은 늙은 사자가 말할 리 없지만, 늙은 사자에게 말을 걸고 있다. 늙은 사자가 바로 작가다. 작가와 사자가 하나 되어, 작가는 사자의 탈을 쓰고 말하는 것이다.

작가의 마음이 사자에게 감정이입이 된 것이다.

왕년에 잘 나가지 않는 사람 어디 있겠는가? 그러나 덧없는 세월은 사자의 힘을 빼고 초라한 모습으로 만들고 말았다. 초라한 모습의 자화상을 나타내고 있다.

인간의 삶을 디테일하게 그리고 있다. 누구나 공감할 수 있는 작품이다. 지나간 일은 추억이라는 이름으로 아름답게 남아있다. 추억에 대한 그리움은 영원할 것이다.

'나 왕년에는 잘 나갔었어'를 앞뒤로 배치하여 수미상관법으로 나타내고 있다.

어린 아들 숨골처럼 파르르 떨면서
태풍이 할퀴고 간 대지를 쓰다듬는다
무장武裝푼 늙은 군인처럼 그의 눈빛 순하다

김태균 「가을 달빛」 전문

이 작품은 시조다. 시조의 본령은 단형시조이다.

가을 달빛에 말 걸기다. 새로운 이미지로 나타냈기에 신선하다.

가을 달빛이 비치는 배경을 '어린 아들 숨골처럼 파르르 떨면

서' '태풍이 할퀴고 간 대지를 쓰다듬는다.'

이 작품은 작가의 감정이입이 잘 되었다. 작가는 가을 달빛을 향해 말을 걸고 있다.

이 작품 속에는 사랑이 들어있고, 형식과 내용이 조화를 이루고 있다. 짧은 단형시조에서 많은 내용을 함축한 작품으로 작가의 역량이 돋보인다.

천불암 추녀 끝에
풍경소리 잠이 들고
시냇물 조약돌도
참선에 들었는데
긴긴밤 풀벌레 울음
내 가슴에 쌓인다.

이 정 「산사의 밤」 전문

이 작품도 단형시조다. 구별 배행으로 이루어진 작품이다.

산사를 나타내기 위한 제재로 천불암, 풍경 소리, 참선 등을 묘사하고 있다.

초장 중장에서 배경을 제시하였고, 종장에서 작가의 정서를 나타내었다.

선경 후정의 작품이다.

'풀벌레 울음 내 가슴에 쌓인다.'에서는 청각과 시각을 바탕으로 공감각적 표현을 하고 있다.

선명한 이미지를 제시하여 시적 미감을 높였다. 산사의 밤이 선명하게 드러나고 있다.

화염을 내뿜으며
힘차게 날아오르던 누리호
대기권을 벗어나지 못하고
그만 추락하고 말았다
누리호가 하늘로 날아오를 때
저마다의 소원을 함께 빌었으니
그 무게가 얼마나 무거웠을 것인가
하나의 우주에서 다른 우주로 넘어가는 것은
새로운 언어와 말을 갖는 것
우주로 가는 길은 시를 짓듯
정성 들여 갈고 다듬은 시간의 흔적
네가 있는 곳이 머언 우주라 해도
어쩌면 가는 길을 몰라도
내 영혼의 누리호는 한사코 너를 향해 발사한다.

임정민 「저 우주에 네가 있다」 전문

임정민의 작품은 체험과 상상을 가미하여 새로운 의미를 만들어내고 있다.

이 작품도 누리호에 대한 말 걸기다.

'누리호'가 하늘로 날아오를 때/ 저마다의 소원을 함께 빌었으

니 그 무게가 얼마나 무거웠을 것인가'

'누리호'에 대한 말 걸기다.

상당히 재미있는 이야기를 쓰고 있다. 누리호와 말 걸기를 통하여 자신의 감정을 이입시켜놓았다.

스케일이 큰 작품이다. 임정민 시인의 작품은 그 골격이 단단하다. 기대되는 시인이다.

독해야 해
살아남기 위해서는
청양고추 몇 배 더 매워야 해
손가락질에 신경 쓰다가는
낭패야
사람들이 모이는 곳이라면
지옥이라도 상관해서는 안 돼
그런 곳이라야
확실하게 약발이 서
생각해 봐
독사가 왜 독을 품는지
독수리가 왜 발톱을 세우는지
맹수들이 왜 송곳니를 드러내는지
목숨 부지해 살아남기 위함이야
독해야 해
본때를 보여주기 위해서는
속에 불을 키워야 해

　　　　　　　　　　이길옥 「숯」 전문

숯에 대하여 말 걸기다. 숯은 살아남기 위하여 자신의 몸을 태우고 알맹이만 남겨야 한다.

세상을 살아가기 위해서는 독해야 함을 강조하고 있다.

역설적인 묘사로 주제를 강하게 나타내어 독자에게 생각을 하게 만드는 작품이다. 빨갛게 불붙어 있는 숯을 보노라면 독함을 느끼지 않을 수 없다.

독하지 않으면 살아남기 어려운 시대다. 숯이라는 사물에 작가의 감정이 이입됐다. 사물과 작가는 하나가 되었다.

청양고추, 지옥, 독사, 독수리, 맹수, 불 등을 통하여 주제를 강조하고 있다.

오늘날 사회가 얼마나 각박한가를 알려주는 글이다.

끝없이 이어가면서 독함의 강도가 높아가고 있다.

(앞부분 생략)
산과 들에 봄이 오니 아지랑이 아른아른
정성 어린 보살핌에 홀아비의 병도 낫고
해랑 어멈 얼굴에도 방실방실 꽃이 피네
사모하는 두 마음이 나날이 깊어지고
금호강에 수양버들 얼비치듯 포개지니
동네 사람 눈치채어 두 사람을 맺어 주고
효심 어린 돌다리를 해랑교라 불렀다네
금호강변 박곡리와 방천리를 잇는 다리
지금은 길고 넓게 새로 지어 놓았는데

이름만은 여전히 해량교라 부른다네

권숙희 「해량교」 일부분

이 글은 현대가사다. 가사는 오랫동안 삶의 현장에서 불리던 노래다.

여러 가지 가사 중에서 내방가사는 규방 여인들의 작품으로, 애절한 사랑 이야기, 고된 시집살이 이야기 등을 나타내고 있다.

우리의 문학의 유산 중에 가치 있는 장르다. 그러나 현시대에 와서 가사창작이 극히 줄어들었다. 사라져 가는 우리의 문화유산을 살리기 위한 노력이 필요할 때다.

경북 안동 등지에서 가사 낭독대회가 열리고 있지만 미미한 편이다. 가사창작의 저변확대가 절실히 요구된다.

권숙희 시인은 대구 용학 도서관에서 가사창작과 함께 가사낭독 지도를 하고 있다. 독특한 장르, 사라져 가는 장르에 몸담은 시인은 귀한 일을 하고 있다.

가사의 형식은 3. 4조 또는 4. 4조의 율격을 갖고 있다.

이 작품은 홀아비와 해량 어멈과의 로맨틱한 이야기를 소재로 하고 있다.

이 두 사람의 끈을 이어주는 것이 해량교다. 두 사람의 심리묘사와 더불어 배경 설명을 율격에 맞추어 서사시의 형식으로 나타내고 있다.

애절한 사랑 이야기는 독자에게 재미를 주고, 감동을 준다. 가사는 율격이 있어 노래처럼 낭독하기가 수월하다.

가사 문학은 계승하고 발전시켜 나아가야 할 중요한 장르임을 다시 한번 강조하고 싶다.

독자들의 관심이 필요하다.

오늘 밤은
밝고 맑은 말들만 하기로 해
어두운 그늘은 접고
푸른 하늘, 새털구름, 산 속의 새 소리
마음이 편한 가벼운 사랑, 언제나
환한 우리의 행복
그대와 나
서로 포옹해주는 연습이 필요한 거야
많이 가까워지고 있어
이참에
보다더 "생각의 차이"를 좁혀야 해. 그래야
틀에 갇힌 짝사랑에서 벗어나는 거지
꿈 속에서도
안아주는
우리 사이어야 해
항시 비껴가는 그대를 안으려는 나
그대의 눈 속에 들고 싶어
지쳐가는 짝사랑
돌멩이처럼 조용하기만 한 그대의 입
나는 그대를 기다리며

이 밤에도 연필을 깎아
오늘 밤에 찾아오시려나
나의 詩

공대천 「오늘도 연필을 깎는다」 전문

이 작품도 말 걸기에 해당한다. 시와의 대화다. 작가와 시와의 간격을 좁히기 위하여 애쓰는 모습이 나타나 있다.

짝사랑에서 벗어나 한 몸이 되고 싶은 몸부림이 나타나 있다. 완전히 공감하고 하나 되기 위하여 말 걸기를 하고 있다.

시 창작의 어려움을 고백하고 있다.

이 작품에서 시에 대한 사랑이 얼마나 큰지 알 수 있다.

연필을 깎아 시를 찾기 위해 노력하는 작가의 정성이 눈물겹다.

작가의 진솔한 마음이 시적 미감을 높이고 있다.

꼭두새벽 희미한 가로등 밑에서
거리의 천사가 하루를 열고 있다
노랑저고리 다홍치마 단장한 할머니
마지막 여행길을 안내하기 바쁘다
돛대도 없는 고운 그믐 배 손짓한다
이 강만 건너면 천국으로 간다고
저 멀리서 샛별도 깜빡깜빡 윙크
행복 찾아가는 길을 반짝인다
시월의 마지막을 떠나보내는 날

천사가 구름 마차 타고 내려온다

　　　　　　　　　　　박성식「환경미화원 아저씨」전문

　이 작품은 낙엽이 떠나가는 길을 세밀하게 묘사하고 있다.

　여기서 낙엽은 감정이입을 통하여 우리들의 모습으로 투영된다. 2행씩 배치하여 시의 율격을 살리고 있다.

　2연에서 다홍치마로 단장한 할머니는 단풍을 비유하고 있다.

　3연에서 그믐 배는 초승 달을 비유하고 있다.

　낙엽의 마지막 길을 안내하기 위해 샛별과 천사들이 구름 마차 타고 내려온다고 하였다.

　한마디로 동화같이 아름다운 작품이다.

　'환경미와원 아저씨'란 제목에 관한 내용은 1연에만 해당한다.

　제목은 전체를 대변해야 하고, 호기심을 줄 수 있는 제목이면 금상첨화다.

　낙엽을 의인화시켜 인생의 모습을 나타낸 점은 높이 평가할 부분이다.

　윗글의 제목으로 '가을의 낙엽은 어디로 가는가?' '시월의 엽서 한 장을 띄워 보낸다' 등으로 했으면 어땠을까?

　　순백의 심지 위에 불을 켠다
　　불타는 나의 사랑에
　　그대 행복할 수 있다면

꺼지지 않는 사랑
오직 하나뿐인
그대 위해
아낌없는 불꽃을 피우리
변방 없는 사랑 앞에
나의 뜨거운 눈물이 마를 때까지
그대 위해 남김없이 태우리
아름다운 삶의 불꽃
촛잔 위애
사랑빛 발자국 향기로 채우리

배영순 「촛불」 전문

감정이입을 통해 촛불과 작가가 하나 되었다.

촛불은 자신을 태워서 남을 밝게 한다. 아가페적인 사랑이다.

이 작품의 행간 속에 끝없는 사랑이 숨어 있다.

1연 그대를 위해 불을 켠다.

2연 그대를 위해 불꽃을 피운다.

3연 그대를 위해 남김없이 태운다.

4연 사랑 빛 발자국 향기로 채운다. 등으로 구성되어 있다.

그대를 위하여 모든 것을 바치겠다는 것이 이 작품의 주제다.

'사랑빛 발자국 향기'에서 공감각으로 이루어져 있다.

촛불과 작가가 일치되는 엠피시가 이루어졌다.

3. 마무리

시를 읽는 즐거움은 시인의 체험이 개성적인 상상력에 의해 어떻게 꽃 피워져 있는가를 보는 것이다. 사랑을 품고 자연과 말 걸기를 통해서 아름다운 글을 쓸 수 있다.

한 해의 작품을 돌아보면 많은 발전이 있었다. 창작의 열정과 그에 따른 고뇌가 훤히 보이는 듯하다.

올 한해도 사회적으론 어려운 시기였다. 발길은 막히고, 이웃과도 거리를 둬야만 했다.

입과 코를 막고 살아온 시간이 2년을 넘겼다.

사회가 어려울 때 문인들은 사회의 증언자가 되어왔다. 또 어두운 사회에 희망을 주고 꿈을 주어야 한다는 사명도 감당해 왔다.

우리 국보인들도 이 사명을 잘 감당했다고 본다. 작품마다 고른 발전을 이루어 기쁘기 그지없다.

다가오는 새해는 임인壬寅년 호랑이해다. 이제 쉬려고 감추었던 꼬리를 죽 펴고, 대륙을 향해 포효할 때다.

우리 문인들도 위축된 마음을 다잡아 호랑이처럼 진취적이고 당당하게 앞으로 나아갑시다.

국보인들의 문운이 올 한해도 나라를 뒤덮을 줄 믿는다. 많이 읽고 많이 쓰고 많이 생각하는 시인이 되었으면 하는 바람이다.

좋은 작품, 좋은 소식을 기다리며 임인년 새해를 향해 힘찬 발걸음으로 전진해 나아갑시다.

시인은 사물의 탈을 쓰고 말하는 사람이다

> 조명기 『담쟁이』
> 정순영 『나목裸木으로 서서』
> 주창윤 『사우나 출애굽기』
> 양은순 『찻잔의 비애』
> 손 철 『꽈배기』
> 채완 부태식 『서울, 첫 함박눈』
> 임무영 『지팡이 신호』
> 김근수 『유천동 블루스-2』
> 조효제 『은행잎 동화』
> 허연옥 『구두 수선공』

1. 들머리

한국국보문학 1월호엔 다양한 작품들이 선을 보였다.

본지는 특별히 작가들에게 작품 발표 기회를 많이 주고 있다. 타 문예지와 비교할 때 그 책의 두께가 말하고 있다. 500페이지에 달하는 초대형 월간지는 풍성함으로 독자에게 다가가고 있다. 한국국보문인협회 시, 도별 지회 조직이 완성되어, 명실상부하게 본 협회의 위상은 높아졌다.

시 창작 방법은 다양하다 시를 보는 관점에서 보면, 관찰자 입장과 주인공 입장으로 볼 수 있다. 이번에는 주인공 시점과 관찰자 입장을 살펴보도록 하자.

주인공 시점이 되기 위해서는 작가와 사물이 일체가 되어야 한다. 작가는 탈을 쓰고 사물의 이야기를 대신하는 것이다. 여기에 사물의 본질과 작가의 체험, 상상이 어우러져서 새로운 의미를 만들어내야 한다. 그러므로 작가는 사물을 자세히 관찰해서 새로움을 찾아내고 속성을 파악하여 감정을 이입시켜야 한다.

관찰자 관점에서의 시는 사물을 피상적으로 묘사하고 자기 생각을 덧붙이는 것이다. 관찰자 관점에의 창작은 보편적인 묘사만 하게 되어 독자를 식상하게 만들 수 있다. 여기서는 독창적인 새로운 발견이 필요하다.

2. 시인은 사물의 탈을 쓰고 말하는 사람이다.

가. 사물이 말하는 작품을 살펴보자. 작가가 탈을 쓰고 사물 대신에 이야기하는 작품이다. 작품 속에서 소재는 감추고 제목에서 소재를 제시하고 있다. 독자가 상상력을 발휘해서 소재를 찾아낼 수 있다면 더욱 의미 있는 일이다.

시를 처음 쓰는 사람은 이런 방법으로 습작한다면 좋은 결과를 가져오리라 믿는다.

다음 작품을 감상해 보자.

빈혈을 모르는 사내는

군림하지 않는다
끈질긴 팔의 힘으로
그림자도 남기지 않는다
더 센 팔의 힘으로
향일 성을 거부하고
찍어누르는 팔의 힘으로
완강하게 바위를 휘어잡는다

조명기 「담쟁이」 전문

이 작품은 담쟁이란 탈을 쓰고 작가가 이야기하는 작품이다. 담쟁이를 의인화시켜 담쟁이가 말하고 있는 이 시의 시점은 주인공 시점이다. 담쟁이를 사내로 나타내어 담쟁이의 끈질긴 집념을 나타내고 있다. 담쟁이의 강인함은 작가 자신이다.

해를 향하는 향일성을 거부하고 자신의 의지대로 삶을 살아가고 싶다는 작가의 옹골찬 마음이 주제다.

오늘날 바람처럼 흔들리는 삶 속에서 자신을 지키면서 산다는 게 쉬운 일이 아니다.

담쟁이 속에서 작가의 정신을 엿볼 수 있다. 마지막 부분에서 자신의 의지를 강하게 나타내고 있다.

'찍어 누르는 팔의 힘으로/ 완강하게 바위를 휘어잡는다.'

이런 작품은 소재를 작품 속에 감추어두고, 독자에게 수수께끼를 던지고 있다.

상상력의 폭을 넓히는 데 도움을 준다.

세상 것 다 풀어헤친 알몸으로
어느새 내가
죄를 깨달은 나무가 되어
파란 하늘빛에 씻은 나목裸木으로
성령의 세마포를 입고 해맑게 웃고 있네
밤에는 은혜의 별빛이
나뭇가지 위에 소복소복 내리네

정순영 「나목裸木으로 서서」 전문

 겨울나무는 새로움을 잉태하기 위한 거룩한 선지자의 모습이다.
 시련과 고난 속에서 모든 허물을 벗고 성령의 세마포를 입었다.
 새사람으로 태어나는 엄숙한 순간의 모습을 묘사하고 있다.
 은혜와 감사가 강물처럼 흐르는 듯하다.
 마지막 연은 한 편의 풍경화처럼 아름답게 나타나고 있다.
 '밤에는 은혜의 별빛이/나뭇가지 위에 소복소복 내리네'
 늘 감사하는 마음으로 살아가는 작가의 모습이 투영되고 있다. 기독교적인 철학이 이 시를 뒷받침하고 있다.
 겨울나무가 되어 자신의 이야기를 하는 주인공 시점이다.

독자에게 시적 미감을 주는 성공적인 작품이다.

재앙의 나날이었다
열정의 청년 노예들은 애굽으로 팔려갔다
한강 하구는 녹차라데가 되었고
양서류들은 시내의 우물마다 알을 낳았다
열대 박쥐 떼가 들끓었고
독종毒腫이 퍼져
모두 다 마스크를 쓰고 다녔다
선지자를 따라
홍해로 가는 홍대입구역 지하도에서
서교로 가야 하는지 동교로 가야 하는지 길을 잃었다
바다는 갈라지지 않았다
거세지는 미세 모래 폭풍과 구름 기둥 넘어
저 높이 사우나 산이 보였다
산상으로 통하는 계단을 밟고 육상으로 올라가서
계명을 받았다
"각자 도생하라"

주창윤 「사우나 출애굽기」 전문

사우나 출애굽기의 작품은 이중구조로 되어 있다. 성경에 나오는 장면과 오늘날 현실의 장면을 대비시키고 있다.

애굽땅을 떠나 광야에서 많은 시련과 고난을 겪었다. 오늘날 코로나-19로 얼마나 많은 어려움을 겪고 있는가? 바로 광야 같은 현실 아닌가?

당시의 모습과 현실의 모습을 적나라하게 나타내었다.

어디로 가야 할지도 모른다. 더듬이 끊어진 여치처럼 방향성을 잃었다.

마지막 행 '각자 도생하라.'는 계명으로 대미大尾를 장식하고 있다. 이중적인 구조를 통한 작품은 무게가 있다. 한마디로 재미있는 작품이다.

    찻잔의 입술은
    누군가의 입술에 붙잡혀
    뜨겁게 입맞춤합니다.
    눈을 지긋이 감고 오래도록
    입술을 놓아주지 않습니다.
    가슴에 묻어야 할 사연이라도 있는 듯
    잔을 꼬랑지에 손가락 끼워
    감싸 쥐어 들고
    그리움이 끼어들었는지
    찻잔 입술을 놓아주지 못합니다.
    커다란 입술 하나에 꼬리밖에 없는 몸
    내 꼬리는 손잡이로 써먹고
    기다리던 누군가가 오고 나면
    그렇게 놓아주지 않던 내 입술을
    팽개치듯 버리고 돌아섭니다

                                                양은순 「찻잔의 비애」 전문

찻잔의 비애에서도 찻잔이 주인공이 되어 이야기하고 있다.

 흔히 우리가 마시는 찻잔에다 의미를 부여하고 있다. 이는 작가의 예리한 관찰력과 깊은 사유에서 건져 올린 작품이다.

 뜨겁게 입맞춤하는 찻잔의 슬픔을 말하고 있다. 사랑도 이와 같을 것이다.

 우리가 맛있게 마시고 나면 아낌없이 버리고 마는 찻잔이다. 팽개치듯 버린다고 했다. 어쩌면 매몰차기까지 하다.

 위 작품에서 첫째 연에서 찻잔에 대해 묘사를 하고, 자신의 느낌을 2연에서 나타내고 있다.

 선경후정의 구조다. 모습을 그리고 자신의 느낌을 나타내는 구조를 말한다.

 하찮은 찻잔이지만 감정이입을 통하여 많은 교훈을 주고 있다.

 인생이 꼬여서
 꽈배기 판다
 배배 꼬였다고
 우습게 보지 말라
 많이만 팔리면
 활짝 웃을 수 있다
 　　　　손철「꽈배기」전문

여기에서 인생과 꽈배기를 동일시하고 있다.

호흡이 짧은 작품이지만 많은 것을 담고 있다.

일이 꼬이면 헤어나기 힘들지만, 희망을 말하고 있다.

우리네 삶이란 살아가면서 꼬였다가 풀렸다가를 반복하면서 살아가고 있지 않은가?

표피에서 속으로 이어지는 울림이 있는 작품이며 많은 독자에게 여백을 주고 있다.

관찰자 입장에서 쓴 글이지만 공감이 가는 작품이다.

'많이만 팔리면/활짝 웃을 수 있다'에서 직설적이지만 생각을 끌어내고 있다.

천천히 움직이며 돌아가는 세상
옳게 살아도 넘어지고 상처 나며
쳇바퀴 돌 듯 내려온 첫눈
긴 아픔 오랜 상처 견딘 세월
흰 눈처럼 춤을 추며 이쁘게 쓴 시
남겨진 모습처럼 그 모습 화려한데
추운 겨울 이별하기 그지없이 슬프네
따뜻한 밤, 술 한잔에 목을 축이시고
추억에 얼지 말고 작품처럼 녹아드소서
하늘에 별과 달 뜬 원고 만나
못다 한 시 쓰며 한 풀고 사소서
　　　　　　채완 부태식 「서울, 첫 함박눈」 전문

이 작품은 추모시다. 후배 시인을 추모하는 시라고 말하고 있다.

인간은 한 번 왔다가 떠나가면 그만인 1회용 컵과 같은 존재다.

빈손 들고 껍질로 돌아가는 인생길이 아닌가? 그래도 이 땅에 와서 시인이란 명찰을 달고 아름다운 작품이라도 남기고 떠난다는 것은 얼마나 보람된 일인가?

하늘에 뜬 별과 달로 이생에서 못다 한 시를 쓰라고 했다.

'추억에 얼지 말고 작품처럼 녹아드소서.'에서 후배를 향한 진정한 사랑이 녹아있다.

진솔한 마음을 담아 친구에게 보내는 작품으로 공감을 준다.

허리 굽은
우리 할아버지
동네 공원이 쉼터래요
날마다 그 자리
공원 의자에 앉아
지팡이로 신호를 보내면
부스러기 쪼아먹던
꾸꾸꾸 비둘기가
알아차리고 모여든다
할아버지, 친구해 드릴께요.
뱅글뱅글 돌면서

지팡이 곁 떠나지 않아요.

임무영 「지팡이 신호」 전문

　이 작품은 동시다. 동시는 어린이의 눈높이에서 쓰는 시다. 순수한 어린이의 마음을 읽을 수 있어야 동시를 쓸 수 있다. 할아버지가 비둘기에게 모이를 주는 장면을 재미있게 표현했다.

　사진을 보듯 장면이 눈앞에 선하게 떠오른다.

　할아버지와 비둘기가 친구가 된다는 상상은 어린이만이 할 수 있다. 할아버지의 지팡이가 신호를 보내는 도구로 나타낸 점은 특이하다.

　할아버지의 지팡이가 요술 지팡이로 느껴진다.

　시인의 눈높이와 어린이의 눈높이가 같을 때 동시가 태어난다.

　그 외 임무영의 '동장군 초록 잎사귀'와 '가을을 줍는다.'도 공감을 불러일으킬 수 있는 수작이다.

유천동 밤바다를 연주하는 이슬은
잘 익은 어둠의 과일을 먹고 있다
함초롬 달빛에 온몸을 흠뻑 적시고
그대 감미로운 몸을 맘껏 감상한다
어둠을 사르는 야래꽃의 향기는
부드러운 가슴의 사랑을 가져오려 한다

김근수 「유천동 블루스-2」 전문

이 작품은 서정시로 김근수 시인의 연작시다.

서정시의 매력은 대상을 주관화하고, 작가의 개성을 덧입혀서 서정적 자아를 연출하는 데 있다.

'이슬이 유천동 밤바다를 연주하고 잘 익은 어둠의 과일을 먹고 있다.'

감각적인 묘사가 매력을 주고 있다. '달빛에 온몸을 흠뻑 적시고'에서 한껏 서정시의 멋을 보여주고 있다.

밤에 피는 꽃이 사랑을 가져온다고 하는 것도 독창적이다.

유천동 블루스-2는 한마디로 관능적이다. 공감각 이미지를 통하여 나타내는 작품은 시적 미감을 극대화 시킬 수 있다.

가을볕 따사로운 재실 모퉁이
곱게 물든 은행잎 다섯 장 주워 쥐고
증조할아버지 흉내를 내며
댓돌 위에 점잖게 앉는다
손자가 사금파리 그릇에
모래밥 한 그릇 갖다 놓고
백 냥짜리 은행잎 하나 받아 간다
욕심쟁이 순옥이는
국과 나물 두 가지를 곁들어 놓고
이백 냥을 받아 깡충거린다
어린 순심이가 아장아장
동백잎 숟가락과 삭다리 젓가락을
양손에 나눠 쥐고 절을 한다

귀여워서 남은 이백냥을 다 준다
헛기침으로 배부른 흉내 내고
수염이 있는 듯 쓰다듬으며
다소곳이 앉아있는 아이들 앞을
건들거리면서 지나간다
은행나무 밑에 가서 다시
점심값을 챙긴다
황금빛 노다지를 줍는다
증조 할아버지만큼 부자 되어야 한다

조효제 「은행잎 동화」 전문

어린이의 관점에서 바라본 작품으로 동시에 가깝다.

증조할아버지와 손자 손녀가 은행잎 돈으로 소꿉놀이를 하고 있다. 은행잎을 돈으로 치환시켜 할아버지는 손자 손녀에게 돈을 준다. 웃음이 저절로 나온다. 어른과 어린이가 하나 되었다.

마지막 연에서 증조할아버지를 닮고 싶은 생각이 잘 나타나 있다. 부자가 되고 싶어 황금빛 노다지를 줍는다.는 표현은 아주 재미있다. 할아버지와 손자 손녀들과의 모습을 디테일하게 그리고 있다. 핵가족 시대에 대가족의 모습은 잔잔한 울림을 주고 있다. 작가의 풍부한 상상력이 돋보인다.

장면묘사와 아이들의 모습, 할아버지가 잘 어우러진 수채화라고 말하고 싶다.

동부 터미널 개찰구 옆
오가는 사람 말 받아 가며
서울말씨 깁는 아저씨
서울 갔다 오던 날
닳은 구두창 들고 수선 부탁했다
차 탈 시간 십 분 밖에 안 남았는데
고치고도 남아요
자신만만한 대답에 신발 맡겼다
수십 년
낡은 세월 떼어내고 새 세상 못질하여
비뚤어진 몸 잡아주느라
마디마디 굳은 살 박혀도
휘어진 몸 바로 잡을 날 없다
서울 다녀가는 증표로 고친 구두
비뚤어진 내 몸 바로 서고
새 세상 걸어가면
아저씨 땀방울 흐뭇하게 따라오고
시골버스 가볍게 올라탄다

허연옥「구두 수선공」전문

이 작품은 낯설기 기법이 돋보이는 작품이다. 그 구절을 찾아 보면,

'서울말씨 깁는 아저씨' '낡은 세월 떼어내고 새 세상 못질하여' '마디마디 굳은 살 박혀도' '새 세상 걸어가면' '아저씨 땀방울 흐뭇하게 따라오고' 등이다.

서울에서 구두를 고치고 내려오는 이야기를 나타낸 체험 작품이다.

이렇게 시의 소재는 다양하다. 작가의 역량에 따라 평범한 소재로 맛깔스러운 작품을 만들어낼 수 있다. 작가의 기본자세는 사물을 자세히 관찰하는 데서부터 시작한다. 그래서 체험은 중요한 소재가 될 수 있다.

구두 수선에서 휘어진 몸을 바로 잡을 수 있는 것으로 확대되고 있다. 세상을 바로 볼 수 있는 새 세상을 걸어간다고 하였다. 이렇게 시인은 새로운 의미를 만들어내는 창조자다.

3. 마무리

시를 창작할 때 시점을 어디에 두느냐에 따라 시의 울림이 달라진다. 시인은 사물의 탈을 쓰고 사물이 하고 싶은 말을 대신해 주는 대언자가 되어야 한다. 한마디로 주인공 시점이 되어야 한다는 것이다. 그러기 위해서는 시인과 사물이 하나 되어 물아일체가 되어야 한다. 여기서 시인은 사물의 속성을 잘 파악해야 하며 상상력을 동원하여 새로운 이미지를 만들어야 한다.

시는 에둘러 묘사해야 한다. 시는 직선이 아니고 곡선이기 때문이다. 시의 매력은 함축미, 그리고 비유의 직조에서 나온다.

시인은 창작에 앞서 왜 시를 쓰는가? 무엇을 쓸 것인가? 어떻게 쓸 것인가?를 고민하는 자세가 필요하다.

시인의 길은 끝이 없다. 시인은 사막 길을 뚜벅뚜벅 걸어가는 낙타와 같다.

때로는 선지자처럼 걸어가는 사람이 되어야 한다.

마지막으로 수필 부분에서 가슴에 와 닿는 작품을 발견할 수 있었다.

하택례의 「서오롱 숲길을 걷는다」 김순일의 「관찰의 설렘」 이명자의 「지공파입니다」

양영주 「비움과 채움」 등의 작품은 일상에서 얻은 체험을 디테일하게 나타냈다. 오랜 습작의 흔적을 볼 수 있었으며 수필의 맛도 즐길 수 있었다. 교훈적인 작품도 독자에게 잔잔한 울림으로 다가온다.

혹독한 추위도 이제 봄기운에 못 이겨 뒷걸음치고 있다. 나목으로 선 나뭇가지에는 어느새 툭툭 불거진 눈망울이 봄을 맞이하고 있다.

작은 것에서 울림을 주는 시

이길옥 『흔적』
이석규 『2월은』
김점홍 『현관문』
이복순 『실개천의 밤』
정국대 『가을 하늘』
이석규 『2월은』
김선우 『어머니』
전홍구 『화장지』
조미경 『시간의 주름』

1. 들머리

파죽지세로 이 땅을 점령한 화려한 이름의 코로나!이로 인해 삶이 팍팍해지고 인간관계가 소원해 지고 있다. 삭막한 세상에서 마음의 여유를 빼앗겨 버린 지 오래다.

이런 어려움 속에서도 국보문인들은 활발하게 작품을 발표하고 있다. 다행스러운 일이다. 문인들이 나서서 대중의 가슴에 평안을 주고, 희망을 줄 수 있다면 금상첨화다.

좋은 작품의 제재는 먼 곳에 있는 것이 아니고 가까운 곳에 있다. 평범한 일상에서 사물을 꿰뚫어 보려는 작가의 통찰력이 요구된다. 체험과 상상이 어우러져 새로운 의미를 만들어 낼 때 좋은 작품이 나오리라 믿는다.

추상적인 개념을 구체화, 이미지화시킬 때 그 작품은 은갈치처럼 반짝일 것이다.

  이번 호에서는 작은 것에서 큰 울림을 주는 작품을 찾아보았다.

2. 작은 것에서 큰 울림을 주는 작품

흔적
약지에 상처가 난 날
반지를 빼냈다.
아,
그 자리에 선명한 지극
지금까지
억지로 가두어 옭아맸던
둥근 세월이
고스란히 묶여 있다
가락지란 허울에 갇힌
환희의 시간들이
하얗게 색이 빠져 있다

이길옥 「흔적」 전문

  체험을 통해서 발견한 작품이다. 반지를 빼내고 난 뒤의 모습을 묘사했다. 작가의 관찰력이 예사롭지 않다. 3연에서 '억지로 가두어 옭아맸던/ 둥근 세월이/ 고스란히 묶여 있다.' 반지와 세월의 상관관계를 제시하였다. 신선한 이미지가 돋보이는 작품이다.

　이렇게 시는 새로운 이미지를 만들어내는 작업이다. 마지막 연에서 반지가 빠짐으로 해방을 맞게 된다. '환희의 시간들이 하얗게 색이 빠져있다.'는 새로운 의미를 만들어내고 있다.

　사소한 일상에서 좋은 작품을 건져내고 있다.

　　산과 바다가
　　찾아주는 이들을
　　다
　　받아주듯
　　그렇게 품어주시던 어머니
　　쓸쓸한
　　이 가을 길을 홀로 걷는
　　지금이 아니더라도
　　어머님이 그립습니다
　　　　　　　　　김선우 「어머니」 전문

　김선우 시인은 한국문학신문사 문학상을 받은 시인이다. 중견 시인으로 좋은 작품을 선보이고 있다.

　호흡이 짧은 작품이지만 오랫동안 울림이 남아 있다.

　어머니의 사랑을 산과 바다로 나타내었다. 산처럼 바다처럼 다 받아주는 어머님이기 때문에 어머님은 항상 우리들의 가슴에 남아 있다.

어머님의 사랑을 극대화해 놓은 작품이다.

한 편의 시가 독자의 가슴에 살아있다면 이 또한 대단한 일 아닌가?

거기 매달려
구경만 하고
있는 줄 아셨나요?
하루에도 몇 번씩
제 몸을 뚝뚝 떼어낼 때
얼마나 아팠을지
이 모양 저 모양의
인간의 오물을
끌어안고 장렬히 소멸하는
두툼했던 그 몸뚱이가
며칠 만에 뼈만 남아
걸려있는 모습 안타깝다.
전흥구 「화장지」 전문

전흥구 시인은 사물에다 감정이입을 통하여 작품을 빚고 있다. 보잘것없는 사물도 생명력을 불어넣으면 시로 거듭난다.

가까운 곳에 있는 화장지를 의인화시켜 시상을 펼치는 역량이 돋보인다.

평범한 사물에서 새로운 사실과 진리를 발견하는 통찰력이 남다르다.

우리가 어떤 사물을 볼 때 사물과 일심동체가 되어 사물을 대신하여 말할 때 좋은 작품이 탄생하리라 믿는다.

'두툼했던 그 몸뚱이가/ 며칠 만에 뼈만 남아/ 걸려있는 모습 안타깝다.'에서 작가가 사물을 대하는 태도를 엿볼 수 있다.

전홍구 시인은 시어를 자유자재로 부릴 줄 아는 역량 있는 시인이다.

한 장 남은 달력 앞
검은 숫자들의 초롱한 눈망울
그 속에 진한 그리움이
멍울져 내리며
한숨을 삼키는 시간의 주름
시계는 째깍거리며
숨도 쉬지 않고 릴레이를 펼치는 데
앞으로 나아가지 못하고
낯선 기차역 간이 의자에
오도카니 앉아
역장의 안내 방송을 듣는다
어디로 갈까
열차 시간표에 시선을 고정하고
불러 주는 이 없는
적막한 그곳
찬기만 가득한 동산
함께 걷고픈 동무 얼굴
시든 꽃 되어 떠나고

소리쳐 불러도 대답 없는 너
남은 것은 빈 땅에 남은 껍데기뿐.

조미경 「시간의 주름」 전문

　보이지 않는 시간을 주름으로 형상화한 작품이다. 제목부터 눈길을 끌고 있다. 호기심을 끌기 좋은 '시간의 주름'이란 제목 선정은 적절하다.
　정지된 시간에 감정을 불어넣었다. '검은 숫자들의 초롱한 눈망울' 달력에 나타난 숫자를 동적으로 나타냈다.
　'그 속에 진한 그리움이' 재미있는 묘사다.
　2연에서는 시계를 통하여 역동적인 모습과 간이 의자에서 역장의 안내 방송을 듣는 시적 자아의 정지된 모습을 나타내어 극적 울림을 주고 있다.
　우리 모두 기차를 타고 여행을 하고 있다. 시간의 흐름에 따라 모두가 떠나야 한다.
　어쩌면 세월이 허무를 낳는 게 아닐까? 결국, 세월의 주름은 망가진 우리의 모습이다.
　시든 꽃과 빈 껍데기로 남을 수밖에 없는 우리들의 초상을 드러낸 작품이다.
　이 작품은 선명한 이미지로 세월을 구체화 시켜놓았으며, 독자의 상상력을 자극하는 작품이다.

소한 대한 끝자락 얼어붙은 땅속에서
뿌리는 힘을 모아 발가락을 꿈틀한다
계절이 꼭 웅크린 채 배냇짓을 하나보다
얼음 밑 시냇물은 종종종 병아리 떼
개나리 작가지 끝 햇빛 쪼는 꿈 꾸는 데
코로나 갈바람 소리는 잔설殘雪머리 에고 있다

이석규 「2월은」 전문

이 작품은 정형시다. 2수로 된 연시조다. 2월을 생동감 있게 나타낸 작품이다.

첫수에서 작은 것에서 큰 울림을 주고 있다. 뿌리는 발가락을 꿈틀한다.에서 보이지 않는 나무뿌리를 의인화 기법으로 나타냈다. 또 계절이 배냇짓을 한다고 하였다. 작가의 상상력이 무한대로 뻗어가고 있다.

둘째 수에서 시냇물을 병아리 떼로 표현 한 점도 재미있다.

마지막 종장에서 반전을 통하여 시적 미감을 높였다. 2월을 구체적으로 묘사하여 시조의 참모습을 보여주고 있다.

문은 벽이 되고
나는 삼진 아웃에 갇힌다
눈앞이 하얗다
재도전하지만
머릿속 이정표가 사라졌다

샤을 붙여보고
별을 따다 붙여봐도 소용이 없다
동동 그리는 발걸음
급한 마음에 다시 누른다
심호흡이 천천히 다시 누른다
10여 년을 손가락 가는 대로 눌러도
환하게 웃으며 반겼는데
한순간에 변심하다니
세월이 나를 앞서 달리며
기다란 그림자를 드리운다
풀리지 않는 문 앞에 서서
밤새 주소 찍힌 목걸이를 만든다
새로 사 온 배터리로 숫자를 누른다
언제 그랬냐는 듯
경쾌한 대답을 한다.

김점홍「현관문」전문

현관문이 배터리가 다 돼 열리지 않는 모습을 시적으로 나타내었다. 문이 열리지 않았을 때의 심리묘사를 디테일하게 나타냈다.

'10여 년을 손가락 가는 대로 눌러도/ 환하게 웃으며 반겼는데 한순간에 변심하다니/ 세월이 나를 앞서 달리며/ 기다란 그림자를 드리운다.'

여기에서 작가의 심리가 잘 나타나 있다. 갑자기 대문이 열리지 않았을 때를 한 번쯤 경험했으리라. 그때의 당황스러움이란 말할 수 없다. 벌써 건망증인가? 치매인가? 숫자를 잘 못 눌렀나? 자신의 모습을 한탄하기도 한다.

자신의 경험을 진솔하게 나타내면 좋은 작품이 될 수 있다.

배터리를 갈아주고야 현관문이 살아났다. 이렇게 일상의 경험이 소재가 되어 좋은 작품이 탄생했다.

'샵을 붙여보고, 별을 따다 붙여봐도 소용이 없다.' 재미있는 표현이다.

자운영 꽃피는 논두렁
실개천이 흐르고
부채살 잔물결
은빛으로 탐색한다
살포시 내려앉은
나뭇잎에 입 맞추며
사랑하나 심어놓고
무심히 흘러간다
내 안에 남은
그리움 하나
이복순 「실개천의 밤」 전문

이 작품은 한마디로 산뜻하다. 맑은 유리에 비친 한 폭의 풍경화처럼 느껴진다.

시는 이미지다. 이미지는 언어로 그리는 그림이다. 이미지가 합쳐지면 이미저리가 된다.

　그림 속에 시가 있고 시 속에 그림이 있어야 한다고 일찍이 송나라 시인 소동파가 말한 바 있다.

　그런데 오늘날의 시 속에는 그림을 찾아보기가 힘이 든다.

　'부채살 잔물결 은빛으로 탐색한다.' 새로운 이미지의 창조이다. 이미지스트였던 파운드는 '수많은 시를 쓰는 것보다 일생 단 하나의 이미지를 만들어내는 것이 더 좋다고 하였다.'

　실개천에 나뭇잎 하나 떨어져서 그리움을 남겨놓고 흘러가지만, 내 안에 그리움 하나 남아 있다고 하였다. 실개천과 작가의 일체화가 잘 이루어진 작품이다.

　쨍, 하고
　금이 갈 것 같은 높은 하늘
　유리처럼 맑다
　티끌 하나 숨을 수 없는 순수함
　하염없이 바라보다 삼켜버린 속울음
　냉기 서린 허공에 번진다
　나목 가지 끝에 매달린 추억
　바람 따라 외로이 걸어가며
　하늘 공원 봉안당
　당신의 사진을 닦는다

　　　　　　　　정국대 「가을 하늘」 전문

이 작품을 읽으면 가슴이 짠하게 느껴진다. 1연, 2연에서 순수하고 맑은 가을 하늘을 묘사해 놓았다. 가을 하늘을 바라보면서 생각나는 사람 때문에 속 울음을 우는 시적 화자의 마음이 애처롭다.

마지막 연에서 화자의 마음을 감정이입 시켜놓았다.

'나목 가지 끝에 매달린 추억/바람 따라 외로이 걸어가며

하늘 공원 봉안당/당신의 사진을 닦는다.'

시는 진솔한 마음의 표현이다. 진솔한 마음은 감동을 줄 수 있다.

오랫동안 여운이 남아 있는 작품이다.

이런 작품이 독자에게 사랑받을 수 있는 작품이다.

3. 마무리

이번 호에서는 다양한 주제로 이루어진 많은 작품이 선보이고 있다. 특히 작은 것을 통하여 큰 울림을 주는 작품을 살펴봤다.

작가는 시를 어떻게 쓸 것인가? 무엇에 대하여 쓸 것인가? 곰곰이 생각해 볼 필요가 있다. 묘사로만 쓸 것인가? 묘사 + 느낌으로 쓸 것인가? 느낌만으로 쓸 것인가? 1인칭 시점으로 쓸 것인가? 3인칭 관찰자 시점으로 쓸 것인가? 등 다양하게 생각해야 할 것이다.

삶을 통하여 얻은 재료를 어떻게 요리할 것인가? 즉 어떻게 구성해야 할 것인가를 생각해야 한다.

시의 재료는 다양하다. 이를 작가가 어떻게 요리 하느냐에 따라 좋은 작품이 만들어질 것이다.

묘사와 진술에 대해서도 생각해 볼 필요가 있다.

묘사는 스토리가 없는 시, 진술은 스토리가 있는 시다.

진술 위주의 시는 이야기가 주를 이루니 시적인 맛이 없다. 즉 시의 음악성이 없으니 시라 할 수 없다. 묘사 위주의 시는 노랫말이 주를 이루니 감동을 주기에는 부족한 점이 있다. 그래서 필자는 묘사와 진술이 적절하게 어우러진 시가 좋은 작품이라 생각한다.

시는 작은 것에서도 큰 울림을 받을 수 있다. 주변에 있는 작은 것에 관심을 두고 사랑을 주면 훌륭한 시의 소재가 될 것이다. 이 점을 놓치지 말고 시의 세계로 끌고 가자.

수필에서 서교분「하모니카」, 박한규「아내에게 바친 노래」, 권장숙「아들과 손녀」는 가슴을 찡하게 울리는 작품이었다. 진솔한 진술이 감동의 원천임을 입증해 주는 작품이다.

각양각색의 깃발로 흔드는 봄의 소리

정순영 『빨래』
김홍섭 『농부의 찬가』
김　준 『천왕봉 구름』
서관호 『네 잎 클로버』
엄기원 『그 애가 이사 가던 날』
김옥재 『아침 이슬』
백승국 『길』
공대천 『늙어 가는 바보다』
김윤란 『목장의 추억』
운월 김순일 『벗하나 있으면』

1. 들어가기

　계절의 수레바퀴는 물레방아처럼 어김없이 돌아간다. 이런 평범한 진리 속에서 올봄엔 새로운 세상이 열린 것 같다. 이도 보는 관점에 따라 차이가 있을 것이다. 이 차이가 시를 쓰는 자양분이 된다고 생각한다.

　다양한 메타포를 통하여 시의 밭을 일군 작품이 눈에 띈다. 깊은 사고로 건져 올린 시는 독자의 마음을 울릴 것이다. 선배 시인은 '생각할 것이 없으면 잡생각이라도 많이 하라.'고 했다.

　생각이 나래를 펼치면 시인은 상상의 세계로 들어간다. 이 상상력이야말로 문학의 원동력이다. 상상력은 개성을 살려 주옥같은 시를 창조하게 된다.

　상상력 다음으로 문학 창작시 주안점은 추상적인 것을 벗겨내고 구체화, 주관화시키는 것이다.

한 마디로 좋은 작품이란 독자와 소통할 수 있는 작품이다. 그러기 위해서는 될 수 있는 한 짧아야 하고, 개성이 있어야 한다.

한국국보문학에 게재된 작품을 살펴보면 회를 거듭할수록 작품의 수준이 발전하고 있다. 여기에는 무게감 있는 원로 시인의 작품과 중견 작가들의 작품이 전범[典範]을 보여주기 때문이리라.

3월호에서는 다양한 생각과 다양한 기법으로 풍성한 작품들이 선보이고 있다.

각 작품을 통하여 독창적이고 개성적인 면을 찾아보자.

2. 각양각색의 깃발로 흔드는 봄의 소리

살을 에는 소음을 줄이기 위해
빨래를 하자
인생 구석구석 잘 펴서 비누질을 하고
무소유의 빨래판에 거품이 일도록 문질러
욕망의 구정물이 다 빠질 때까지
맑은 마음으로 헹구자
구겨진 세월을
바지랑대로 빨랫줄에 높이 널어서
파란 하늘빛 청명 바람과 해맑은 시냇물 소리에 말리면
비로소 텅 빈 삶의 그릇에 하늘이 넘실거리리라

정순영 「빨래」 전문

빨래는 묻은 때를 씻어내는 데 있다. 작가는 사람의 마음을 씻어내야 한다고 말하고 있다.

독창적인 묘사를 통하여 깨달음을 주고 있다.

'무소유의 빨래판' '청명 바람' '해맑은 시냇물 소리'를 통하여 인간의 헛된 욕망을 몰아내자는 뜻으로 작품을 마무리하고 있다.

상큼한 느낌이 온다. 시를 읽고 욕망의 구정물이 빠진 탓일까?

독자와 쉽게 소통하는 작품, 독자에게 울림을 주는 작품이라고 말할 수 있다.

푸르디 푸른 산의 향기로움과
들판의 흙내음은
바라만 보아도
내 마음이 평화로워진다
이름 모를 온갖 꽃향기
싱그러운 과일 내음새
농장의 오후
지친 일손 멈추고
이마의 땀방울 닦노라면
저절로 노랫소리가 나온다.
보트는 시원스레 물살 가르고
다람쥐는 앙증맞게 귀여운 모습이다.
때로 청아한 산새들의 지저귐에 귀 기울일 때면
멀리서 고라니도

힘차게 달음박질 하고 있다.

김홍섭 「농부의 찬가」 전문

농촌의 정겨운 모습을 묘사하고 있다.

감각적인 이미지로 나타냈으며, 평화로운 농촌 모습이 풍경화처럼 떠오른다.

1연에서 시각과 후각의 공감각적 이미지로 되어 있다.

2연에서도 공감각적 이미지로 형상화가 잘 돼 있으며 흥겨움을 나타내고 있다.

'다람쥐' '산새' '고라니' 등을 등장시켜 역동감을 나타내고 있다.

평화로운 농촌의 모습을 그리는 데 성공한 작품이다. 그러나 오늘날의 농촌이 아니고, 추억 속의 농촌이 아닐까?

지리산 천왕봉을 드나들던 저 구름은
오늘도 낡은 생각 버리지를 못하고서
기우는 저문 날에도 떠날 줄을 모른다

김 준 「천왕봉 구름」 전문

김준 시인은 평생 시조 문학을 일구어 온 역사의 산증인이다.
위 시조의 3장 속에 많은 것이 담겨있다.

저 구름은 단지 자연물인 구름일까? 화자인 작가 자신이 아닐까?

인간은 정처 없이 떠다니는 구름 같은 것.
저무는 날에도 낡은 생각을 버리지 못하는 우리들의 모습이다.
이 짧은 단형시조 속에 인생의 교훈을 담고 있다.
. .
어느새 오월인가 클로버 푸르구나
행운을 찾느라고 잘 찾던 클로버 밭
오늘도 동심에 끌려 순이 얼굴 그린다
지금은 어드메서 흰머릴 반짝일까
손잡고 놀던 순이 잡을 수 없는 손길
클로버 찾은 손끝에 보드레한 그 감촉

서관호 「네잎 클로버」 전문

 서관호 시인은 부산에서 활동하는 시조 시인이다. 특히 어린이를 위해 동 시조 창작에 힘쓰고 있다.
 네 잎 클로버가 행운을 가져다준다고 하여 네 잎 클로버를 찾았다. 클로버에서 동심으로 동심에서 순이 얼굴로 전이 된다. 순이에서 흰머리가 된 순이를 생각한다. 클로버와 순이를 동일시하게 된다. 감각적 묘사로 마무리하고 있다.
 재미있는 작품이다. 상상의 나래가 뻗어가는 작품으로 성공적이다.

우린
별로 친하지도 않고
그저 그런 사이였다.
우린
같은 학년 이웃 반에서 공부하던
그런 사이였다
우린 같은 아파트에 살면서
만나면 씨익 웃는
그런 사이였다
그런데
그 애가 이사 가던 날
내 마음 한구석이 텅 비었다.
그대가
내 마음 갖고 갈 줄
꿈에도 몰랐다.

엄기원「그 애가 이사 가던 날」전문

 이 작품은 동시다. 동시는 아동의 눈높이에서 쓰여야 하며, 아동을 위한 작품이어야 한다.
 이 작품은 리듬이 있는 작품이다. 시의 3요소 중에 가장 중요한 것이 음악적 요소다 '그런 사이였다.'가 반복되면서 리드미컬하다.
 친구와의 사이는 친하지도 않은 '그저 그런 사이였다.'
 그런데 그 친구가 '이사 가고 난 뒤 내 마음 갖고 갈 줄 꿈에도 몰랐다.'에서 시적 미감을 극대화 시켜놓았다. 새로운 발견이다. 개성적인 묘사가 돋보인다.

　　해님이 어둠을
　　돌돌 말아
　　마을로 내려가면
　　숲속에 뉘 숨어
　　저리 고운 이슬
　　산에 뿌려 놓았을까?
　　바람 고운 새벽산
　　깃을 빗는 산새
　　가락가락 노래 세상
　　　　　　　　김옥재「아침 이슬」전문

　이 작품도 동시다. 한마디로 아름다운 느낌이다.
　1연에서 '어둠을 돌돌 말아 마을로 내려가면'에서 해 뜨는 모습을 동적 이미지로 나타내었다.
　2연에서 이슬의 아름다움을 제시하였고 3연에서 '바람 고운 새벽 산, 깃을 빗는 산새, 가락가락 노래 세상' 등에서 상쾌한 아침을 나타내고 있다. 동시의 진면목眞面目을 보여주고 있다.

　　어디쯤 왔을까
　　멀리서
　　바라보니

달빛이 보인다
동녘의 안개와
저녁노을 넘어간
시간의 희미한
그림자일까
사랑아
괴로워 말고
그 마음
조용히 강물에
흘려 보내렴
너를 생각하면
보이지 않으려는
아늑한 가슴에
비가 내린다.

백승국 「길」 전문

3월의 시인에 선정된 작품이다.

  살아온 길을 되돌아보면 아쉬움과 후회만 남게 된다. 인생길을 돌아보며 감회에 젖어보는 부분에서 '아늑한 가슴에 비가 내린다.'라고 마무리하고 있다.

  1연과 2연은 묘사 부분이다. 하루를 넘기고 밤이 오는 시점이다.

  인생으로 보면 황혼기다.

  '사랑아 괴로워 말고 강물에 흘려보내렴'에서 달관한 인생의 모습을 보게 된다. 강물은 시간의 함축이다. 오늘도 인생은 강물 따라 흘러갈 뿐이다. 지나간 아름다움이 애틋한 사랑으로 남아 있다.

3, 4연은 작가의 느낌으로 이루어져 있다.

길은 우리가 걸어오면서 가슴 속에 발자국을 찍는 것이 아닐까? 여운을 남긴 작품이다.

항시 곁에 있다
안고 살아가야 할 외로움
술에 젖은 새벽
머뭇거리다가
두 아들놈들에게 전화를 걸어본다
신호음이 끝까지 길다
다음 날의 침묵이 더 아프다
참 이상하다
아들들은 외로움이 없는 걸까
모르는 걸까
섭섭함을 접는다
사랑을
보여주지 못한 자책
외로움을 모르는 두 아들이 오히려 다행이지 싶다
술에 젖는 새벽이면 습관처럼
전화한다
나는 늙어 가는 바보다

공대천 「늙어 가는 바보다」 전문

3월의 시인에 선정된 작품이다.

시는 체험에 상상의 나래를 펼쳐 독창성을 확보한다.

자식에 대한 기대를 진솔하게 잘 표현했다. 늙어 가면서 외로움을 달래기 위해 아들에게 전화한다. 자식에 대한 사랑이 깊으면 깊을수록 외로움의 무게는 더해 간다.

자식이 부모 마음을 알 때면 부모가 돌아가신 후라고 한다. 건성으로 들었던 말이 새삼 새롭게 느껴지는 오늘이다.

'술에 젖는 새벽이면 습관처럼/ 전화를 한다'에서 자식에 대한 사랑이 짙게 나타나 있다.

마지막 행 '나는 늙어 가는 바보다'에서 많은 것을 생각하게 하고 있다.

진솔한 심리묘사가 감동적이다.

산 향기 맑아
꽃구름 머무는 화랑 언덕
내 여린 가슴에 묻었던 추억
이 가을
목장길로 내린다
수의동 산밭골
솔가지에 별빛 걸어
손가락 걸자던 목동의 피리 소리
단석산 발걸음 지워갔나
향초 무성했던 호숫가

그때 만난 바람
그리움 한 자락
나룻배 저어 온다
잊는다
뜬구름에 실은 옛 생각
호젓한 찻잔 속 그려지고
편린으로 가득 채운 목장길
억새꽃 바라기로 흔든다

김윤란 「목장의 추억」 전문

김윤란 시인의 시어는 싱싱하다. 특히 그의 낯설기 기법은 시의 맛을 더해주고 있다.

'추억이 목장길로 내린다.' '솔가지에 별빛 걸어' '목동의 피리 소리 / 단석산 발걸음 지워갔나' '그리움 한 자락/나룻배 저어 온다.'

'목장길/억새꽃 바라기로 흔든다' 등을 들 수 있다.

이미지스트였던 파운드는 '수많은 시를 쓰는 것보다 단 하나의 이미지를 만들어내는 것이 좋다고 하였다.'

목장의 아름다움을 통해서 아련한 추억을 건져 올린 김윤란 시인의 작품은 성공적이다. 시의 기본이 단단하다.

마음이 외로울 때
하얀 민들레 같은

벗 하나 있으면
마음이 허전할 때
날이 저물어질 무렵
내 그림자 위로해 줄
벗 하나 있으면
마음이 쓸쓸할 때
울리지 않은 악기처럼
빈 가슴 채워 줄
따스하게 다가오는
벗 하나 있으면
마음이 괴로울 때
보헤미안의 노래가 되어
고요한 음악으로 흐르는
벗 하나 있으면
마음이 슬플 때
달빛으로 다가와
모닥불 피워 시를 읊는
벗하나 있으면
인생길 무상해도
다정하게 손잡고
먼 길 갈 수 있는
벗 하나 있으면…

운월 김순일 「벗하나 있으면」 전문

    김순일의 작품은 '벗 하나 있으면'을 반복적으로 나타내면서 리듬을 타고 있다. 시와 산문의 구분은 바로 리듬감에 있다.

시에서 가장 중요한 요소인데 많은 시에서 리듬이 사라지고 있다. 물론 내재율이 흐르고 있다고 하지만 그것조차도 없는 시가 많다.

군중 속의 고독이란 말이 있다. 인간은 외로운 숙명을 타고난 존재다.

결국은 혼자일 수밖에 없다.

어느 수필집에서 본 적이 있는데, 이 생을 하직할 때 무덤 앞에 와서 울어줄 친구가 세 사람만 있으면 '세상을 성공적으로 살았다고 볼 수 있다고' 하였다.

이 시의 화자도 진정한 친구의 모델을 말하고 있다. 공감이 가는 작품이다. 진정한 친구를 갈구하는 마음이 잘 나타나 있다.

병렬적인 구조로 이루어진 이 작품은 희망의 메시지를 전하는 느낌을 주고 있다.

3. 마무리

3월호에서 다양한 빛깔로 봄을 노래하고 있다.

작가는 작품을 통하여 독자에게 무엇을 줄 것인가를 생각해야 한다. 그러기 위해서는 깊은 사유가 작품의 바탕을 이뤄야 한다. 사유 속에서 건져 올린 작품에서 곰삭은 김치맛이 입맛을 돋울 것이다.

시는 내용과 기교로 이루어진다.

내용은 함축적인 언어로 이루어져야 하고, 기교는 비유와 상징적 이미지로 새로운 맛을 나타내야 한다.

이번 호에는 시, 시조, 아동문학 등에서 문단의 원로 작품이 게재되어 월간 국보문학의 격을 높이고 있다.

다양한 깃발로 흔드는 봄의 소리를 들으면서 새 시대를 열어 보자.

분열의 시대를 끝내고, 통합과 화합의 시대로 나아가기를 바라는 마음 간절하다.

국보 가족의 든든한 가족애와 함께 4월호에서 좋은 작품으로 만나기를 바란다.

진실과 이미지는 시의 생명이다

기　청 『늦가을 여운』
양경한 『숫돌』
임문영 『새가 된 아내』
임정민 『바람의 언덕』
백승국 『목발』
엄상섭 『석류나무』
조희경 『목련』
조효제 『복사꽃』
이명혜 『봄햇살』
김은숙 『분꽃나무』
정성수 『헷갈린다』

1. 들어가기

　시를 잘 쓰기 위해서 많은 시인은 노력을 아끼지 않고 있다.
　여기서 시를 잘 쓰는 방법을 논해보자.
　시 창작에는 많은 이론이 있다. 그러나 딱 집어서 '이것이다.'라고 말할 수는 없다.
　다만 시인은 독자에게 무엇인가를 주어야 한다는 사명감을 가지고 시를 쓴다는 점은 같을 것이다.
　그 예로 감동이라든지 울림, 충격, 교훈, 재미 등 한가지는 주어야 하지 않겠나?
　시에서 중심 골격인 주제의 구성에 대해서 논해보려 한다. 자신이 표현하고자 하는 주제가 정해지면 그 주제를 전달하기 위해 여러 가지 표현법을 동원해야 한다.

주제를 나타낼 땐 초점도 중요하다. 즉 원거리 – 중거리 – 근거리 – 자기 자신으로 초점을 맞추는 방법을 들 수 있다. 역순으로 자신 – 중거리 – 원거리의 초점으로도 구성으로 할 수 있다.

가령 개미라는 시를 쓴다면 빌딩 청소부의 이야기로 시작하여 힘들게 살아가는 우리 시대의 가장 이야기, 마침내 가족을 부양하기 위해 힘쓴 아버지의 삶을 이야기하게 될 것이다.

시의 생명은 진실이다. 지나친 미사여구의 사용은 실패할 확률이 높다. 그러므로 금기시되는 말도 솔직하게 나타내야 한다.

진솔한 표현이야말로 창작의 무기며 문학의 최종 목표인 감동에 이를 수 있다.

현대시를 한마디로 말하라고 하면 이미지다. 이미지는 명확한 표현을 위한 필수 조건이다.

이미지스트였던 파운드는 많은 시의 창작보다 일생 단 하나의 이미지를 만들어내는 것이 더 중요하다고 했다.

이번 호에서는 이런 관점에서 작품을 살펴보고자 한다.

새가 모이를 쪼듯
눈만 뜨면 자판에 엎드려
시간을 잊는 내가 딱했는지
틈틈이 아내가 불붙는 늦가을
모니터 앞 한 뼘 빈터에
무더기로 풀어놓았다

자판을 두들기다 막히면 먼 산 보듯
이 불타는 가을 단풍잎
보라는 것인가
그런 아름다운 마음을 바라보면
단풍 색색의 물감,들국화 향기까지
스멀스멀 모니터 속으로 흘러들어가
멈춰선 글자 애틋한,
아직 풀어내지 못한 생각까지도
빨갛게 혹은 샛노랗게
가을빛 물들이는 것을

기청 「늦가을 여운」 전문

아내의 사랑이 돋보이는 작품이다. 톡톡 튀는 이미지가 1연에서 제시되고 있다.

'새가 모이를 쪼듯/ 눈만 뜨면 자판에 엎드려'

화자의 모습을 그리고 있다. 자판 두드리는 것을 새가 모이를 쪼는 모습으로 이미지화시켜 놓았다.

'아내가 불붙는 늦가을을 모니터 앞 한 뼘 빈터에 무더기로 풀어놓았다.'

이 부분도 늦가을 풍경을 감각적 이미지로 나타내어 생동감을 불러일으키고 있다.

모니터에서 들국화 향기까지 난다고 했다. 이는 아내가 남편을 향해 뿜는 향기다.

아내의 정성이 잘 드러난 부분이다.

'스멀스멀' 의태어를 통하여 생동감을 더해주고 있다.

컴퓨터 모니터는 우리들의 일상생활에서 빼놓을 수 없는 물건이다.

글쓰기의 어려운 점을 나타내면서 아내의 사랑을 넌지시 알리고 있다.

시라는 것은 에둘러 묘사하면서 행간마다 사랑을 넣는 작업이다.

이 작품은 행간이 매끄럽게 연결되며, 연과 연을 구조적으로 엮어 시의 맛을 더하고 있다.

등이 굽은 할머니처럼
마당 구석에 쭈그리고 앉아 있다
움푹 파인 흉터 같은 싸늘한
세월의 아픔이 앓아누워 있다
칼을 갈 때마다 허기진 배를
물로 달래느라 질퍽한 눈물로
얼룩진 아픔이 축축이 스며있다
무딘 칼날에 몸이 닳고 닳아
무늬마저 지워진
싸늘한 돌덩이가 멍에처럼
마음을 짓누른다
아버지의 휑한 눈빛이
그리움으로 걸려있는

등이 굽어 푹 파인 가슴처럼
닳아버린 숫돌 위에
옹이 박힌 주름진 손의 체취가
흥건하게 누워 있다

양경한 「숫돌」 전문

숫돌을 이미지화하는 데 성공한 작품이다. 양경한 시인은 지난해 주간 한국문학신문사에서 주최한 작품 공모에서 대상을 받은 바 있다.

1연에서 숫돌을 등이 굽은 할머니로 묘사하였고,

2연에서 '세월의 아픔이 앓아누워 있다'로 의인화시켜서 화자의 생각을 드러내고 있다.

3연에서 칼을 가는 모습을 묘사하고 있다.

'얼룩진 아픔이 축축이 스며 있다.' 이는 우리들의 삶에 비유하여 시적으로 승화시킨 점이 놀랍다. 닳아버려 쓸모가 없는 돌덩이가 된 숫돌은 아버지로 치환되고 있다.

험난한 삶을 살아온 우리들의 아버지 모습이 선명하게 드러난다.

마지막 연에서 '닳아버린 숫돌 위에/옹이 박힌 주름진 손의 체취가/흥건하게 누워 있다.'로 대미(大尾)를 장식하고 있다. 이 작품의 구성은 원거리에서 중거리로 중거리에서 자신의 아버지로 나타내고 있다.

모처럼 시다운 시의 모습을 보는 듯하다.

고요한 숲속
아침을 여는 뻐꾸기
직박구리의 사랑놀이
동고비는 밤새 잠도
안 자고 시끄러웠다고
숲속의 비밀을
뻐꾸기가 뻐꾹뻐꾹
일러준다
아내는 창문을 젖히며
알았어. 뻐꾹 뻑뻐국
그녀는 새가 되었다

임문영「새가 된 아내」전문

시를 쓸 때 시점의 중요성을 생각해 본 적이 있는가?

작가와 사물이 한 몸이 되어 사물과 대화하는 것을 주인공 시점이라 한다. 사물과 작가가 분리되어 작가가 사물을 묘사하고, 관찰하는 관점에서 쓴 글을 관찰자 시점이라 한다.

이 작품에서는 새와 새끼리 주고받는 말로서 시를 끌고 가고 있다.

직박구리와 동고비, 뻐꾸기가 등장한다. 뻐꾸기가 숲속의 비밀을 말하고 있다. 마지막 연에서 아내와 뻐꾸기의 대화로 마무리 짓는다.

아내는 뻐꾸기에게 알았다고 말하고, 뻐꾸기는 뻐꾹 뻑뻐국으로 화답한다.

위의 작품은 시점으로 볼 때는 관찰자 시점이라 볼 수 있다.

작가는 숲속이라는 자연을 지렛대로 하여 삶의 진정성을 탐색하고 있으며 새가 되어 떠난 아내를 생각하며, 새의 입을 통해 아내를 소환해 낸다.

자연에 대한 깊이 있는 성찰로 삶의 무게를 승화시키고 있다.

바닷가 언덕배기에
바람따라 누운 풀밭
짙푸른 청록색 풀밭 위로
쏟아지는 윤슬
햇살은 햇살대로 놀다 가고
바람은 바람대로 놀다 간다
안경알 저쪽으로
멀어지는 얼룩진 삶들
다시
바람으로 떠날 때까지
내 혼령 끝없이 방황하는
언덕이 될지언정
묵묵히 마지막 배를 저으련다

임정민 「바람의 언덕」 전문

임정민 시인은 연륜만큼 숙성된 시를 쓰고 있다. 관조적인 입장에서 사물을 그리고 있다.

  1연에서 3연까지는 아름다운 자연을 노래하고 있다.

  4연부터는 삶을 반추하면서 담담한 마음으로 삶을 성찰하고 있다.

  '내 혼령 끝없이 방황하는/ 언덕이 될지언정/ 묵묵히 마지막 배를 저으련다'에서 의지적인 마음이 잘 나타나 있다.

  언제 봐도 단정한 매무새처럼 시가 단단하며 주제의 구성이 원거리에서 자신으로 오고 있다.

  잘 물든 단풍은 봄꽃보다 아름답다고 하지 않았는가? 임정민 시인을 두고 한 말 같다.

  군더더기 없이 깔끔한 작품이다.

너를 의지하려는
내 마음은 간절했었다
너는 나의 든든한
버팀목이 되어주었고
묵묵히
나에게 용기와
희망을 실어주었다.
지치고 힘들었을 때
너만의 나를 지켜준
유일한 내 한 몸이었다
시간이 흘러 같이한

너를 잊지 못하고
그때의 부족했든
나를 반성하게도 한다
그때 너에게 지탱한
고마움으로
나는 이렇게 강한
모습으로 살아간다
나와 아픔을
함께한
고마웠던 그 이름

백승국「목발」전문

이 작품은 2인칭 관찰자 시점이다.

목발과 대화함으로 시를 이끌어 가고 있다.

인간은 나약한 존재다. 누군가의 부축을 받으면서 살아간다.

강한 모습이 된 지금에야 목발에 의지했던 지난날을 생각한다.

지난날, 고통에 대한 사유와 상상력은 목발을 통해 내면화 단계로 발전하고 있다.

내 한 몸의 일부분으로서 함께해 왔던 지난날을 반성하면서 목발이라는 객관적 상관물을 통하여 인간이 지녀야 할 자세를 말하고 있다.

교훈적인 작품이다. 목발 같은 도움을 받았던 때를 잊고 살지는 않았는지?

문득 '원수는 물에 새기고 은혜는 돌에 새기라'는 말이 떠오른다.

가부좌를 틀고
묵언수행 하더니만
이제야 눈 비비고 기지개를 켜 올린다.
늦은 봄빛 가득 담고
붉은 구슬 자궁 속으로 걸어 잠구어
가을이 툭 떨어지는 날
너와 나
데운 사랑을
보석처럼 알알이 쏟아내겠지.
엄상섭「석류나무」전문

석류나무에 감정을 이입하여 정서의 전환을 유도한다. 이 작품은 이미지화에 성공한 작품이다. 디테일한 묘사는 이 작품을 한 단계 끌어올리고 있다.

'석류나무가 가부좌를 틀고 묵언 수행한다.'

남다른 상상력, 시상을 펼치는 솜씨가 돋보인다.

석류알을 '붉은 구슬 자궁 속으로 걸어 잠구어'는 개성미 넘치는 표현으로 신선감을 주고 있다.

'가을이 툭 떨어지는 날, 너와 나 데운 사랑을 보석처럼 알알이 쏟아내겠지.'라는 묘사도 일품이다.

시의 생명은 이미지라고 본다. 이 이미지에 언어를 버무려 가작을 빚어내는 연금술을 보여주고 있다.

> 가냘픈 꽃봉오리
> 천사의 날개를 달고
> 조용히 울고 있었다
> 밤사이 꽃잎은
> 아무도 몰래
> 조용히 흔들리며 울었다
> 바람과 구름이
> 흔드는 것도 아니었다
> 산다는 것은 이렇게
> 울면서 꽃 피우는 걸
> 모르고 있었다
> 산다는 것은 이렇게
> 흔들리면서 꽃 피우는 걸
> 모르고 있었다
> 가냘픈 꽃송이
> 천사의 날개를 달고
> 조용히 날아가고 있었다
>
> 조희경 「목련」 전문

신경림 시인의 '갈대'가 떠오른다. 물론 조희경 시인의 작품과는 결이 다르다.

서정시의 매력은 대상에 생명력을 불어넣는 데 있다. 목련이리는 꽃에 작가의 마음을 얹어 삶을 성찰하고 있다.

　고난 없는 삶이 존재할까? 눈물 없이 살아갈 수 있을까?

　고통에 대한 사유와 상상력, 그 내면화가 잘 된 작품이다.

　삶의 시련이 사라지는 날 꽃잎이 천사의 날개를 달고 날아가고 말 것이다.

　꽃잎을 천사의 날개로 비유한 점은 신선한 비유라고 생각되며, 삶의 모습을 목련에 이입하여 한 편의 드라마처럼 전개하고 있다. 1연과 5연을 연결해도 한 편의 작품이 된다.

　가냘픈 꽃봉오리/ 천사의 날개를 달고/ 조용히 울고 있었다

　가냘픈 꽃송이/ 천사의 날개를 달고/ 조용히 날아가고 있었다

　수미상관법으로 이루어진 수작이다.

　　화사한 연분홍 너울
　　끝동에 볼을 대고
　　여든두 해의 봄을 마신다
　　열아홉 그해의 봄날
　　서툴고 설레었던
　　추억에 잠겨 볼 붉힌다
　　아련한 그리움
　　그대의 뜰에는 지금
　　무슨 색향의 꽃이 피었소
　　　　　　조효제「복사꽃」전문

호흡은 짧지만, 깊이 있는 작품이다.

복사꽃이라는 자연물을 낙관적 시선으로 바라보며 추억에 젖는다. 서정적 자아는 그리움을 복사꽃에 담는다.

1연에서 여든두 해의 봄을 마신다. 2연에서 추억에 잠겨 볼 붉힌다. 3연에서 무슨 색향의 꽃이 피었소.

현재에서 과거로 돌아가는 역행적 구성법을 쓰고 있다.

젊음도 꽃처럼 눈 깜짝할 사이 지나가 버린다. 그래서 젊음을 그리워하게 된다.

마지막 연에서 의문형으로 끝을 맺고 있다. 여운을 주는 작품이다.

복사꽃이란 객관적 상관물을 소재로 시상을 펼치는 솜씨가 뛰어난 작품이다.

〈시조〉
분첩을 통째 뿌린
봄날의 여인같이
수줍어 들지 못한
목젖이 하얗구나
나비도
잊지 못하여
다시 찾는 오월이다.

샛별 김은숙 「분꽃나무」 전문

이 작품은 단수 시조로써 분꽃을 묘사하는 데 성공적이다.

분꽃을 분첩으로 연상하여 봄날의 여인으로 확대해 나간다.

초장, 중장에서 꽃의 모습을 그리고 있으며, 종장에서는 시적 자아의 생각을 담고 있다.

군더더기가 없는 시조다. 형식을 지키면서 자유롭게 시상을 펼치고 있다.

비유적인 시어 '분첩' '여인' '목젖' 등을 통하여 시적 미감을 돋우고 있다.

종장에서 '나비도/잊지 못하여/다시 찾는 오월이다'에서 많은 것을 생각하게 하고 있다.

한 편의 동양화를 보는 듯하다. 형상화가 잘 된 작품이다.

〈동시〉
숲속에 살던 개똥벌레가
한강 둔치로
이사를 갔다
서울 사람들이
반딧불이라며 신기해한다
개똥이 없는 숲속에서는
개똥벌레
개똥이 많은 한강 둔치에서는
반딧불이
내 이름이 왜 이래?

헷갈린다 헷갈려
정성수 「헷갈린다」 전문

  동시는 어른이 어린이의 눈높이에서 바라봐야 한다. 동심에서 바라본 상상력과 문학적 상상력의 균형감은 아동문학 작품의 성패를 결정짓는 중요한 요소다.
  어린이의 생각이나 느낌을 담을 수 있는 글감으로 반딧불이는 좋은 소재다.
  개똥벌레라는 다른 이름을 끌고 와 재미있게 표현했다.
  어린이의 눈으로 봐야 한다는 점에서 이 작품은 여기에 부합한다.
  어른이 생각하지 못한 단순한 개똥벌레를 개똥이 없는 곳에서는 개똥벌레, 개똥이 많은 곳에서는 반딧불이로 불리는 것을 이상하게 생각하고 의문을 제기하고 있다.
  재미있는 작품이다.
  시는 상상력의 산물이다. 상상력은 어린이에게 무한한 창조능력을 만들어 줄 수 있다.

슬금슬금
내가 안 보는 사이
발치 끝에 다가왔다
다리 오므리고

책 한 권 읽는 사이
무릎까지 살금살금
좌르르르 꽃햇살
우리집 가득
내 마음까지 들어왔다
에고 모르겠다
햇살에 풍덩 빠져
같이 놀기로 했다.

이명혜「봄 햇살」전문

 동시는 상상력과 창의력을 동원하여 신선한 충격을 감동으로 이어갈 수 있어야 한다. 즉, 시를 쓰기 위해서는 풍부한 창의력을 바탕으로 해야 한다.
 이 작품은 봄 햇살을 의인화 화법을 통하여 재미있게 묘사하고 있다.
 봄 햇살이 발끝에서 무릎으로 무릎에서 내 마음으로 전이 되고 있다.
 마지막 연에서 햇살에 풍덩 빠져 같이 놀기로 하였다. 점층법으로 나타냈으며, 어린이의 눈높이에 맞는 작품이다.
 동시에서 의성어나 의태어를 반복적으로 사용하여 시의 운율을 만들어내고 있다
 여기에서 '좌르르르 꽃햇살'을 사용하여 시적 미감이 돋보인다.

아이들에게 꿈을 주는 동시는 인성교육에도 많은 도움을 주리라 믿는다.

3. 마무리

이젠 '코로나19'가 서서히 꼬리를 감추려 하고 있다. 마스크 속에서 움츠리고 있던 모든 사람이 기지개를 켜고 활기를 되찾으리라 믿는다.

푸름이 점점 짙어가는 6월이 다가온다. 신록의 계절, 푸른 물이 뚝뚝 떨어지는 듯한 6월은 싱그러운 여름을 몰고 올 것이다.

월간「국보문학」의 작품들이 진일보한 느낌이다. 이는 회원들이 열심히 노력한 결과다.

문학은 내용으로는 진실과 사랑이다. 또 형식으로 나타낸다면 비유와 이미지라고 말할 수 있다.

시인은 시로서 말해야 한다. 그러므로 숙성시켜야 한다.

좋은 작품을 위하여 퇴고에 퇴고를 거듭하여 독자들에게 감동을 주는 작품이었으면 좋겠다.

비유도 참신한 비유를 통하여 독자의 눈을 끌 수 있는 작품이었으면 한다.

사회의 변천에 따라 문학도 변화하지 않으면 생존할 수 없다.

더욱더 정진하고 노력하여 국보 인다운 시, 국보(國寶)라는 이름값을 하는 시를 창작했으면 좋겠다.

6월에는 국보문학기행이 계획되어 있다. 함께 참여하여 끈끈한 친교를 맺었으면 한다.

어려운 여건 속에서도 국보문학 발간을 위하여 열정적으로 일하는 임수홍 이사장님께 감사들 드린다.

사유의 숲으로 걸어가기

손성자 「바닥이 있다는 것」
심광일 「세상에서 젤 예쁜 사람」
권숙희 「천생연분」
이금숙 「세월」
양은순 「가파도 바람」
최옥분 「손녀」
이승창 「산이고 싶고 물이고 싶다」
이윤숙 「뒤안길」
박종문 「장바구니」
이도현 「난꽃이 피던 아침」

1. 들어가는 말

 자연은 지금까지 많은 문학인에게 창작의 소재로 이용되었고, 사유의 마당이 되었다.
 자연의 생명력과 순전한 사랑이 융합된 시는 시의 폭을 확장해 주고 있다.
 현대시는 다양한 기법을 대동한다. 경우에 따라서는 난해성에 자유롭지 못하고 독자와의 소통에 문제가 생기기도 한다.
 모름지기 시는 개성적이어야 한다. 그러기 위해서는 자세한 관찰과 사유가 중요한 역할을 한다.
 시는 일상을 끌어올리는 작업이다. 어떤 대상과 직면했을 때 시인은 깊이 있는 사유를 위해 사유의 숲으로 들어가야 한다.
 특히 이번엔 소재 선정의 참신성과 사유의 깊이가 있는 작품을 중점적으로 살펴보고자 한다.

지면 관계상 많은 작품을 다루지 못한 점 아쉽게 생각한다.

월간 국보문학의 수준이 날로 발전하고 있음에 기쁨을 감출 수가 없다.

2. 사유의 숲으로 걸어가기

바닥, 인생의 마지막이라는
느낌을 주는 단어
그래 그렇게 여겼다
삶이 밑으로만 주저앉으려 할 때
슬픔으로 가득 찼다
노력해도 일어설 수 없는 바닥을 원망했다
이게 끝이라는 생각이 들 때
온몸을 바닥에 누였다
삶의 찌꺼기가 양 볼을 타고 흘러내렸다
나의 인생은 너무 고달팠다
이제 쉬자 몸을 길게 펴며 올려다본 하늘
어둠밖에 존재하지 않는 그곳에
별들이 반짝였다
바닥이 있다는 건
다시 일어설 수 있는 휴식처가 된다는 걸
두 개의 별이 내 가슴에 떨어지고야
비로소 알게 되었다
　　　　　　손성자 「바닥이 있다는 것」

상당히 의미 있는 작품이다. 바닥은 더 내려갈 수 없는 곳이다. 인생의 한계점이라고 본다.

한계점에서 바라본 하늘에 별들이 반짝이고 있었다는 것은 시련 속에서 희망을 보았다는 뜻이다. 시적 자아는 바닥에서 희망을 찾는다. 막다른 골목에서 한숨 돌리며 희망이 보이기를 기대하고 있다.

새로운 의미를 찾아내는 것이 시의 본령이다.

바닥에서 다시 일어설 수 있는 용기가 바로 희망이다.

절망의 벼랑에서 다시 일어서려는 의지가 돋보이는 작품이다.

상처가 깊을수록 좋은 작품을 쓸 수 있다. 사유의 깊이가 커지기 때문이다. 두 개의 별이 떨어졌을 때라는 함축적 언어 속에 많은 것을 생각하게 한다.

따질 것도 없이
한 살 내 동생이에요
글쎄, 손을 펴도 방긋
오므려도 방긋
눈이 마주치면, 방글방글방글방글
글쎄, 하루에
백 번도 더 웃어요
그리고요, 소올솔
고소한 엄마 냄새도 나잖아요.

심광일 「세상에서 젤 예쁜 사람」

이 작품은 동시다. 동시는 어린이의 눈높이에서 이루어진 작품이다. 한 살짜리 내 동생의 모습을 사실대로 그려놓았다. 눈만 뜨면 방글방글 웃는 모습이 귀엽다.

시각과 후각으로 이루어진 공감각적인 이미지로 이루어져 있다. 동생에 대한 사랑이 행간에 녹아있다.

순진무구한 동생의 모습으로 순수한 동심을 일깨우고 있다. 읽기만 해도 그 귀여운 모습이 눈앞에 나타난다.

어린이가 읽기에 좋은 작품으로 평가된다. 천사와 같은 순수한 모습 그 자체가 동심의 세계다.

동시의 모습을 제대로 보여준 작품이다.

우리 부모 금슬은 귀신도 샘을 낸 듯
저승길도 한날한시 손잡고 떠나셨네
어머니는 언제나 아버지가 하늘이고
몸에 좋다 들은 것은 무엇이든 해드렸지
아버지는 사람 중에 어머니만 보이는지
다른 사람 다 있어도 엄마 없음 빈집이지
어느 여름 두 노인에 선풍기 앞에 앉아
오순도순 다독다독 사이좋게 지내는데
신경통에 시달리던 아버지의 어깨에다
어머니가 물파스를 발라주는 참이었지
"여보시오 영감님요 이제는 좀 시원하오?"
"아무려면 시원하지 당신 손이 약손인데"
저고리를 입으시며 아버지가 하는 말씀

"그런데 좀 이상하네, 옷이 쩍쩍 붙는구먼."
냄새 없는 물파스가 어쩐지 수상해서
어머니가 발라드린 길쭉한 병 들고 보니
효과 좋은 '토끼표 물파스'가 아니라
손자들의 쓰다 만 문구용 풀이었네

권숙희 「천생 연분」 전문

    가사 문학은 고려말에 발생한 시의 한 갈래로 4음보의 리듬을 지니고 있다. 4음보는 한국인에게 친숙하고 개방적인 형식이다. 한문이 주류를 이루던 시대에 한글을 사용하여 우리의 사상과 감정을 자유롭게 발휘한 문학 활동이었다는 점에 주목을 받는다.
    고려 시대에는 승려들이 불교 교리 전파에 이용했다. 조선시대에 들어와서는 사대부는 물론 서민 부녀자들까지도 가사를 창작하기에 이른다. 즉 양반 가사, 서민 가사, 규방가사 등 다양하게 창작되었다. 또한 가사는 목적에 따라 다양한 문학 도구로 활용되었다.
    권숙희 시인은 가사 문학의 발전을 위하여 노력하는 시인이다.
    가사 문학은 4. 4조의 운율로 이루어져 있으며 서사적인 문학이다.
    물파스를 발라주는 아내와 남편 간의 이야기다. 아내가 해 주는 모든 것이 약손이라며 시원하다고 하였다.

마지막 연의 반전이 이 작품의 포인트다. 그것은 물파스가 아니라 문구용 풀이었다.

일상적인 이야기지만 재미있게 끌고 가는 작가의 역량이 돋보인다. 앞으로 가사 문학이 더욱 발전되리라는 점을 믿어 의심치 않는다.

젊은 날, 가난이 목을 쪼이고 다닐 때
세월만 공짜인 줄 알았다.
이자도 없는
나이 들어 세월 마주하고 보니
세월만큼 무서운 놈 없구나
간다는 말 한마디 없이
그냥 가버리고 마는구나
아직도 못다한 일 남아 있는데
옆집 총각이 부는 휘파람 소리보다
더 빨리 지나가 버리고 마는구나
세월아
조금만 더 늦게 가주면 안 될까
부탁할 시간도 없이
공짜인 줄만 알았던 세월
알고 보니
참 무서운 놈이로구나
　　　　　　　　　이금숙 「세월」 전문

이금숙 시인의 작품은 해학보다는 묵직한 사고의 제시로 주제 의식을 북돋운다.

세월을 의인화, 형상화한 작품으로 빠른 세월에 의미를 부여하고 있다.

'세월이 공짜인 줄 알았는데 알고 보니 참 무서운 놈이로구나' 함축적인 언어로 상상력 확대에 성공했다.

'아직도 못다한 일 남아 있는데/ 옆집 총각이 부는 휘파람 소리보다/ 더 빨리 지나가 버리고 마는구나'에서 '옆집 총각 휘파람 소리'는 은유법의 진수다.

세월의 무상함을 나타내고 있다. 나이 든 사람이 민감하게 느끼는 세월의 속도가 이 시의 주제다. 세월이란 추상어를 구체어로 눈앞에 나타낸 점이 돋보인다.

아무도 생각하지 못한 새로운 시어로서 시를 구성한 점이 예사롭지가 않다.

이 작품은 공감과 재미를 얹어주고 있다.

섬은
파도와 바람이 길길이 다투며 사는 섬
지독한 고독만이 가슴앓이 하는 섬
돌은 모두 수석이다
풍파에 다듬어진 역사가 보인다.
마련된 올레길을 걸어보니

가장 낮고 평평한 섬이더라.
이렇게 잔잔한 바다가
가장 무서운 바람이 쉬어가는 길목이라니
모진 바람 속에서 살아남으려면
집도 청보리도 엉겅퀴도
납작 엎디어 숙이고 살아내야 했다
하늘이 푸르고 잔잔한 날이면
가오리를 닮은 사치스런 화판에 섬 정취를
그려내는데
하늘과 바다와 청보리 파란 빛깔 다툼에
파란 추억만 주워들고 떠나는 섬

양은순 「가파도 바람」 전문

제주도에서 좀 떨어진 곳에 있는 가파도의 모습을 디테일하게 그리고 있다.

지난해 국보문학 기행에서도 가파도에 갔었다.

가오리 모양의 섬, 청보리가 일렁이는 섬, 파도와 바람이 길길이 뛰는 섬 묘사뿐만 아니라 화자의 감정이 이입된 곳을 찾아보자면 '고독만이 가슴앓이를 하는 섬' '풍파에 다듬어진 역사가 보인다.' '집도 청보리도 엉겅퀴도/ 납작 엎디어 숙이고 살아야 한다.' '파란 추억만 주워 들고 떠나는 섬' 등의 표현이 가구(佳句)를 이루고 있다.

이 작품은 한 편의 수채화를 연상하게 한다. 감각적 이미지로 시적 미감을 높이고 있다.

한마디로 수준 높은 작품이다.

손녀 얼굴에서
어린 딸이 보인다
어린 딸 얼굴에
내가 있고
거울 속 내 얼굴에
엄마가 있다
엄마 사진 속에
외할머니 보인다
하회탈 같은 외할머니는
어느 왕조의 유물인가
아담의 갈비뼈 분신인가

최옥분 「손녀」 전문

최옥분의 '손녀'는 다층구조로 이루어진 작품이다. 손녀딸에서 어린 딸로 어린 딸에서 내가 있고, 거울 속에 엄마가 보이고, 엄마 사진 속에 외할머니가 보인다.

섬세한 감성과 첨예한 감각으로 남다른 사유의 세계로 끌고 있다. 마지막 부분에서 이 작품의 진수를 보여주고 있다.

하회탈 같은 외할머니를 '왕조의 유물'로 '아담의 갈비뼈'로 비유한 점이 좋았다.

시인은 보이지 않는 부분까지 볼 줄 알아야 한다.

문학 작품은 관찰에서 시작된다. 평범한 일상도 시점에 따라서 다르게 보이기 때문이다.

시 창작의 기본도 관찰에 있음을 다시 한번 강조한다.

이 작품은 체험에서 이루어진 작품이다. 손녀를 사랑하는 마음이 이런 훌륭한 작품을 창출했다.

나는 산이고 싶고, 물이고 싶다
산은 산다워서 좋고
물은 물다워서 좋다
억겁(億劫)을 지나오고도 또
억겁을 꿈꾸며
묵직하게 서 있다
방울 물로 시작하지만
강과 바다를 생각하며
쉬지 않고 흐른다
춘하추동 사계절 묵묵히
순응하고, 막히면
돌아가고 언제나 새로워진다
억만년 역사를 묵언으로
전달하는 산이고 싶고
쉬지 않고 흘러서 부드럽게
비켜 가며
더러운 것 씻어내어
언제나 깨끗하고 새로워지는

물이고 싶다.
이승창 「산이고 싶고 물이고 싶다」 전문

이 작품은 선시(禪詩)를 생각나게 한다. 선조들은 요산요수(樂山樂水)라고 하지 않았는가?
　상선약수(上善若水)가 떠오른다. 1연:산과 물이 좋음, 2연:산의 묵직함. 3연:끊임없이 흐르는 물, 4연:물이 가는 길, 5연 산과 물이 되고 싶다의 구조로 되어 있다.
　다분히 교훈적인 작품이며 읽으면 읽을수록 청량감을 느낄 수 있는 작품이다.
　산과 물을 비유적으로 나타내어 교훈을 주는 작품이다.
　깊은 사유에서 건져 올린 작품으로 무게가 느껴진다.

내 고향 시골마당
웃음꽃 피웠는데
멍석도 사라지고
모두가 떠난 자리
바람만 퇴청 마루에
누웠다가 떠나네.
이윤숙 「뒤안길」 전문

정격시조로 형식과 내용의 조화로움을 이루고 있다. 고향의 추억이 고스란히 묻어나고 있다.

멍석 위에 누워서 별빛을 바라보며 할머니의 이야기를 듣다가 잠이 들었던 그때가 그립다.

텅 비어버린 고향, 모두가 떠나버린 고향, 삭막함이 떠도는 고향을 생각하게 한다.

종장에서 바람만 퇴청 마루에 누웠다가 떠나가는 모습이 바로 우리들의 고향이다. 압축된 시를 쓰기 위해서는 시조를 통하여 수련을 쌓으면 좋은 작품이 나올 수 있으리라 생각한다. 오늘날 정제된 자유시를 보기 어려운 시대가 아닌가?

시조는 단형시조가 본령이다. 이 작품은 선경후정(先景後情)의 구조로 이루어지고 있다. 이 작품은 한마디로 깔끔한 작품이다.

찌푸린 밥상물가 바람 따라 산을 넘고
벽공에
일자리 창출
님이 그려 헤매니
광야에
장다리 떡잎
풋풋한 꿈을 푼다
찌들은 장바구니 길을 읽고 강을 건너
속빈情(정)
곱다 해도

고물가에 밥맛 잃어
치받는
k팝의 未來(미래)
아리랑이 지킨다

묘길 박종문 「장바구니」 전문

    이 작품도 시조다. 시조의 중장과 종장을 3행씩 배열하였다.
    첫수에선 고물가와 일자리 찾기의 어려움을 말하고 있다. 둘째 수에선 여러 가지 어려운 점이 있지만 'k팝의 未來아리랑이 지킨다.'에서 희망을 걸고 있다.
    현실을 반영한 작품이다. 시조는 시절 가조에서 왔다. 시절가조(時節歌調)의 준말이(時調)다.
    시조도 시이기 때문에 비유와 상징으로 작품을 완성해야 한다.
    삶은 문학에 투영되고 그 문학이 삶의 궤도를 수정해 주기도 한다. 고물가 시대를 살아가는 서민들은 그래도 희망의 끈을 놓지 않고 있다.
    그런 의미에서 이 작품은 시조로서 성공한 작품이라고 말할 수 있다.

장마가
물러나고

바람 솔솔 불던 아침
까치 한 쌍 날아와
불꽃처럼 짖어대고
아내는
향을 엿듣다
도마질도 멈췄다

이도현 「난꽃이 피던 아침」 전문

이 작품도 단형시조다. 한마디로 수준 높은 작품이다. 난꽃이 피기 위해 바람 솔솔 불어오고, 까치가 불꽃처럼 짖어대고, 아내는 도마질도 멈췄다.

한 생명이 탄생한다는 것은 엄숙하다. 사유의 깊이가 돋보이는 작품이다.

이호우 시조 '개화'가 떠오른다. 바람도 햇볕도 숨을 죽이네/나도 가만 눈을 감네.

생명의 신비감과 극적인 순간을 나타내었으며 경외감을 느끼는 순간을 포착하였다.

시조는 정제미가 있다. 운율이 살아 숨쉬기 때문에 시조가 더욱 매력이 있다.

3. 나가기

시의 출발은 발견이다. 발견을 위해서는 끊임없는 관심과 애정의 눈으로 사물을 관찰해야 한다. 새로운 발견은 대상의 재해석으로 시작한다. 사유의 숲에서 대상과 하나 될 때 아름다운 한 편의 시가 탄생한다.

관념의 탈을 벗어버리고 새로운 의미를 부여할 때 독자들은 시적 쾌감을 맛볼 수 있을 것이다.

문학 작품은 감동과 공감, 긴장감, 충격 중에 하나 정도는 줄 수 있어야 한다.

한마디로 시는 상상에서 출발한다. 좋은 시를 창작하는 지름길이 바로 상상이다.

올해 따라 폭염이 연일 신기록을 갈아 채우고 있다. 고물가에다 지칠 줄 모르고 밀려오는 코로나 바이러스에 서민들의 삶은 팍팍해졌다.

우리 시인들은 시대의 아픔을 외면해서는 안 된다. 시인의 사명은 아픔을 함께하고 미래의 희망을 보여주는 것이다.

'이 또한 지나가리라.'라고 했으니 무더위도 가고 가을이 올 것이다. 그래도 가을엔 풍성함으로 채워지리라 믿는다.

한 층 더 발전한 작품으로 가을을 맞이했으면 좋겠다.

진솔한 목소리로 울림을 주는 작품

이생진 『벌레 먹은 나뭇잎』
김소엽 『노안老眼』
정용원 『어머니 생각』
윤영훈 『손가락 편지』
문경순 『오솔길』
최옥분 『허기』

동재 임무영 『해바라기』
정용원 『어머니 생각』
전흥구 『홍단풍』
김병렬 『소금—염전에서』
김토배 『우울한 여백』

1. 들어가는 말

현대 시는 다양한 기법을 대동한다. 경우에 따라서는 난해성에 자유롭지 못하고 언어와 의미가 변질되기도 한다.

그러나 문학이란 진실성을 떠나면 생명이 없다. 바탕에는 진실성으로 기초를 닦아야만 독자의 마음을 울릴 수 있다.

문학적 진실은 필연적으로 사유의 깊이와 미적 감동으로 이루어진다.

시는 문학 장르 중 유일하게 음악성(리듬, 운율)을 가진 글이지만, 요즈음에 와서는 그 고유방식을 자유분방하게 넘나들고 있다. 이 또한 시의 다양성이며 변화의 한 부분이다. 최근 들어 산문화, 서사화의 경향이 두드러지고 있는 부분도 주의해볼 만하다.

이번엔 특별한 기교를 부리지 않으면서도 작품 속에 시인의 진솔한 목소리가 녹아있는 작품을 살펴보기로 한다.

나뭇잎은
벌레 먹어서 예쁘다
귀족의 손처럼 상처 하나 없이 매끈한 것은
어쩐지 베풀 줄 모르는 손 같아서 밉다
떡갈나무 잎에 벌레 구멍이 뚫려서
그 구멍으로 하늘이 보이는 것은 예쁘다
상처가 나서 예쁘다는 것은 잘못인 줄 안다
그러나 남을 먹여 가며 살았다는 흔적은
별처럼 아름답다

이생진「벌레 먹은 나뭇잎」전문

시는 진실한 생각과 느낌을 진솔하게 표현할 때 살아 움직이는 시가 된다.

미당(서정주)은 이것을 자신의 전인격적 체험의 변주라고 했다.

이 작품은 벌레 먹은 잎을 보고 나타낸 작품으로 순수한 상상력을 형상화했다. 시인은 사물을 사랑의 눈으로 보기 때문에 시 속엔 사랑이 담겨 있다.

벌레 먹은 잎의 구멍으로 하늘을 보는 것이 예쁘다고 하였다.

상처는 남을 먹여 가며 살았다는 흔적이라 별처럼 아름답다고 하였다. 시적 미감과 함께 잔잔한 울림을 주는 작품이다.

시인의 눈은 평범한 사물도 관심의 눈으로 바라보며 새로운 의미를 부여해야 한다.

젊어서 보이지 않았던
그 사람이
늙어서 보였다
눈 밝았던 시절
보이지 않던 것들이
노안이 되어 보였다

김소엽 「노안老眼」 전문

이 작품은 역설법으로 나타내고 있다. 늙어야 보이는 것은 많다.

시적 대상이 무엇이든 그 대상 자체의 탐구가 아니라 그 대상을 재해석하여 인간의 모습을 반영한다.

사유의 깊이는 심안을 열게 한다. 늙는다는 것은, 외롭고 쓸쓸하다 그러나 늙음이란 많은 경험과 생각이 축적되어 있으므로 이렇게 깊이 있는 작품을 창작하게 된 것이다.

시는 자세한 설명이 아니다. 그러므로 시는 애매성(Abiguity)을 지니고 있다. 이것은 시의 저주가 아니고 축복이다.

위의 작품은 과감한 생략과 침묵으로 나타내어 독자에게 사고의 영역과 여백을 주고 있다.

> 겨울은 맨몸으로 보냈지만,
> 그전 옷차림을 기억하고 있다
> 그들의 새순이 혀끝을 내밀 때부터 여름 지나
> 늦은 가을까지 빨갛게 단 숯불이 되어 너와 나를 태웠다
> 일 년 내내 단벌로 견디는 그들의 붉은 망사 치마에
> 햇살이 올라타던 그때, 인간들은 비명을 지르며 어쩔 줄
> 몰라했다
> 나는 아직 겉옷도 걸치지 않은 그에게
> 벌써 가슴을 데이고 있다.
>
> 전홍구「홍단풍」 전문

  전홍구 시인의 작품은 형상화의 진면목(眞面目)을 보여주고 있다.

  홍단풍이라는 이름다운 서정을 끌고 가는 시적 능력이 돋보인다. 겨울에서 봄 여름 가을로 가는 과정을 나타내고 있다.

  '그들의 붉은 망사 치마에/ 햇살이 올라타던 그때, 인간들은 비명을 지르며 어쩔 줄/몰랐다.'에서 불타는 듯한 홍단풍의 모습을 정밀한 필력으로 구성하고 있다.

  마지막 연도 가구(佳句)다. 감각적 이미지로 나타내어 생동감을 준다. 섬세한 감성과 첨예한 감각으로 시의 폭을 확장하고 있다.

가만히 귀 기울여
들어보면 파도소리
아득히 눈을 들어
바라보면 푸른 바다
억겁億劫을 귀머거리로
꽃으로 핀 백화白花여

2
갯바람 자락 끝에
눈물처럼 메말라서
사랑도 꽃이지만
눈물마저 꽃이 되는
인고忍苦의 파도 소리가
하얗게도 피었네

김병렬 「소금-염전에서-」 전문

두 수로 된 연시조다. 첫수에서는 바다의 모습과 소금꽃을 묘사하였고 둘째 수에서는 소금꽃의 생성 과정을 말하고 있다.

  시조는 구성이 기-서-결로 이루어진다.

  초장 중장에서 배경을 설명하고 종장에서 주제를 말하는 구조로 이루어지는 것이 보편적이다.

  둘째 수는 개성적인 언어 미학과 기법의 묘미가 눈길을 끈다.

  눈물마저 꽃이 된다는 표현은 개성적이다. 눈물의 이미지를 살려 시련 속에서 소금꽃이 피었다고 마무리하고 있다.

특히 형식과 내용이 조화를 이루고 있어 성공한 작품이다.

하루의 마당에서 그늘진 삶의 한 쪽
지친 오후 토닥이는 말없는 손끝에서
비워둔 짧은 여백을 아쉬움에 접는다
수은등 흐린 불빛 기계음에 춤을 추고
긴 행간 달려오는 처용의 슬픈 달빛
움켜쥔 두 손을 펴고 빈 마음을 채운다.

김토배「우울한 여백」전문

 이 작품은 두 수로 된 연시조다. 시조는 우리 민족 고유의 정형시다. 정제된 언어로 객관적 상관 물에 은유나 상징 등의 기법을 통해 이미지를 창출해야 한다.
 시조는 이정표 없는 자유시와는 달리 이정표가 있다. 감상 면이나 창작 면에서도 비교적 접근하기 쉽다.
 그러나 시조만의 율격과 시대정신을 담아내는데 어려움이 있을 수 있다.
 시는 화두와 같이 끝없는 물음에서 시작된다. 답이 없는 것이 답이 아닐까?
 '어려운 삶도 손끝에서 토닥거리다 미완성으로 끝나지만, 밤이 되면 빈 마음을 채운다.'라고 하였다
 詩作의 어려움을 넌지시 묘사하고 있다.

시조도 시이기 때문에 시다워야 한다. 그런 점에서 성공한 작품이라 본다.

    해를 닮고 싶어
    해를 향해 웃는
    둥그런 해바라기
    어느 날
    학원 가기 싫은 날
    길가의 해바라기와 논다
    해를 쳐다보란다
    나처럼 종일 얼굴 들고
    해를 보면 마음 둥굴어진다고
    해바라기
    해를 닮아 둥글다며
    나처럼 둥그렇게 웃어 보란다

동제 임무영 「해바라기」 전문

  동심적 상상력과 문학적 상상력의 균형감이 아동문학의 성패를 결정짓는 중요한 요소다.
  어른이 순수한 어린이의 눈높이로 사물을 바라보고 쓴 동시다.
  어린이들의 눈높이에 맞게 쓴다는 것은 쉬운 일이 아니다. 어른의 오염된 마음을 털고, 어린이가 되어 보는 작업이다.
  좋은 동시를 보면 가슴이 환하게 열린다.
  해바라기가 말하는 부분 4연과 5연이 재미있다.

'나처럼 종일 얼굴 들고/ 해를 보면 마음 둥글어진다고'

'해바라기/ 해를 닮아 둥글다며/ 나처럼 둥그렇게 웃어 보란다'

작가는 해바라기가 되어 해바라기처럼 말하고 있다.

1인칭 주인공 시점이다. 해바라기 탈을 쓰고 말하는 것이다.

동시는 어린이에게 좋은 심성을 길러줄 것이다. 이것이 아동문학 작품의 사명이다.

많은 아동문학 작품이 창작되어 어린이의 인성교육에 이바지 했으면 좋겠다.

사진 속에서 웃고 있는 어머니
지난 해 감나무 앞에서 찍은 얼굴
지금은 하늘나라 가고 없는데
올해도 빨간 홍시감이 열렸어요.
어머니가 좋아하던 홍시감
실컷 따드릴 테니
제발 제발 돌아오셔요

정용원「어머니 생각」전문

이 작품도 동시다. 동시는 일반적인 시가 갖추어야 할 모든 조건에 '동심'을 하나 더 얹어 놓아야 비로소 완성된 작품이 된다.

시의 출발은 발견이다. 즉 시적 대상인 홍시감에 어머니에 대한 그리움을 끌어내고 있다.

시 한 편은 하나의 이미지이면서 동시에 여러 이미지를 나타낸다. 홍시감의 이미지는 달콤한 어머니의 사랑으로 이어진다.

감나무 앞에서 찍은 어머니 사진 – 홍시가 열림 – 홍시를 보고 돌아가신 어머니에게 드리고 싶은 마음으로 구성되어 있다.

돌아가신 어머니가 오면 실컷 홍시를 따드리겠다는 시적 화자의 절실한 목소리가 들리는 것 같다.

동시는 어린이를 대상으로 쓰기 때문에 쉽게 소통된다.

한마디로 울림을 주는 작품이다.

동시는 앞에서도 이야기했지만, 어린이의 인성교육으로 최고의 보고(寶庫)라고 생각한다.

오늘 학교에서
친구와 말다툼을 하고
그냥 혼자서 집에 돌아왔다
아무래도 잠이 오지 않아
한밤중에
손가락으로 편지를 쓴다
톡톡톡
친구 마음의 문을 두드려 본다
카톡카톡
금방 가슴을 열고
답장이 왔다
아마 친구도
내 생각하다

잠들지 못했나 보다
　　　　　　　윤영훈 「손가락 편지」 전문

　이 작품도 동시로서 성공한 작품이다. 어린이의 마음을 잘 나타내고 있다.
　친구와 다툼이 있고 난 후 후회하는 마음이 나타나 있다. 친구에게 카톡을 보냈는데 금방 답장이 와서 서로 오해를 풀었다는 이야기다. 어린이의 마음을 진솔하게 나타낸 작품이다.
　동시의 전범이 될 수 있는 글이다.
　제목도 '손가락 편지'로 재미있게 표현했다.

　　솔가지 늘어져 바람 부는 날
　　작은 길을 걸었네
　　누구의 발자국을 딛고 일어섰는지
　　좁은 길엔 온기들이 모여
　　작은 풀잎들을 풀어
　　길섶을 만들어 놀았네
　　산새는 어제도 지절대며 웃었을까
　　오늘 오르는 길에 누인 내 손자국은
　　제비꽃에 보라색 칠을 하고 가라 하네
　　마르지 않는 호흡 한 점 놓고
　　솔가지 흔들며 가라 하네
　　이 산 저 산 이어주는 섶이 되어
　　산울림 가득 안고
　　숨 고르기를 청하는 걸음마다

따뜻한 애기로 세상 지기 부르며
오솔,
오솔길을 가라 하네
문경순 「오솔길」 전문

이 작품에서 흐르는 것은 사랑이다. 사물에 사랑을 쏟으면 사물이 말을 걸어온다. 작은 풀잎들의 온기가 모여 길섶을 만들어 놓았다. 새들이 지절대는 아름다운 자연환경을 배경으로 삼았다.

제비꽃, 산울림 등 따뜻한 애기를 등장시켰으며 오솔길도 넣었다. 시각과 청각적 감각을 통하여 서정시의 본질을 나타내고 있다. 한편의 풍경화가 선명하게 떠오르는 작품이다.

순수한 자연의 모습을 사랑으로 그리고 있는 작가의 순수한 마음도 엿볼 수 있다.

제 때에 밥을 먹은 사람은
허기가 어떤 것인지 알지 못해도
굶어 본 사람은 알 것이다
글이 고파도 허기를 느낀다
때를 맞춰 배운 사람은 알지 못해도
때를 놓친 사람은 알 것이다
늦은 나이에 배움의 언덕을 오르려니
숨이 차고 허기가 목구멍을 넘어 온다
숨이 턱에 닿아 들숨 날숨소리가 귓전을 때린다
최옥분 「허기」 전문

이 작품은 3행씩 반복되는 3연의 작품이며, 행마다 '다'로 끝나는 각운으로 이루어져 있다.

각 연마다 대구를 이루면서 시적 미감을 북돋우고 있다.

체험에서 이루어진 작품으로 공감을 획득하는 데 무리가 없다.

모든 것은 때가 있는 법이다. 제때 밥을 먹지 못한 사람만이 허기를 알 수 있고 제때에 글을 놓친 사람은 글의 배고픔을 안다.

늦은 시기에 배움을 향하여 전진하려고 하니 여러모로 힘든 난관이 닥쳐온다는 체험담이다.

시는 진솔한 묘사다. 이런 점에서 교훈을 주는 작품이며 독자에게 잔잔한 울림을 줄 수 있는 작품이다.

3. 나가기

삶이 문학에 투영되고 그 문학이 삶의 궤도를 수정해 주기도 한다. 또 문학은 시대의 아픔을 대변하는 대변자의 역할을 담당하기도 한다. 여기서 문학인은 긍지와 더불어 사명감도 가져야 할 것이다.

영국의 주지 시인 E파운드가 시상의 정확한 묘사를 주문하였을 때 그 정확성이란 사물을 뚜렷하게 묘사하라는 것이 아니라 화자의 가슴에 담긴 심상 – 느낌을 정확히 담아내라는 뜻이다.

시는 평범한 사물도 특별하게 – 생각하고 – 말하고 – 그려내야 한다. 그러자면 사유의 깊이를 깊게 가져가면서 불필요한 수식어(형용사)와 과장된 감정을 억제할 필요가 있다.

사물을 보되 새롭게 보는 안목을 키우면 좋은 작품을 쓸 수 있으리라.

이번 호에서 잔잔한 울림을 주는 작품을 살펴보았다. 진솔한 목소리가 들어 있는 작품이다.

계절은 글쓰기 좋은 환경을 제공하고 있다. 지난 여름 유난히 무더운 날씨에도 창작을 게을리하지 않았던 국보 가족들이 아니었나?

좋은 계절에 더욱 절차탁마하여 문학사에 빛나는 작품을 선보이기를 바란다.

낯설기 기법을 통한 개성적인 작품

노창수「링거 줄에 대한 기대」
김윤란「돌릴 수 없는 물길」
도해 스님「지강(祉江)」
오을탁「가슴앓이」
人山김만옥「길」
신준식「들리시나요」
류화옥「민들레 사랑」
박성식「몰운대」
윤영훈「유리창」
오로라「이상기」

1. 들어가는 말

이번 호에 실린 다양한 작품은 저마다 탄탄한 저력을 자랑하고 있었다. 서정시의 품격과 시를 대하는 맑은 시 정신이 다채롭고 독특했다.

시인은 누구나 좋은 시를 쓰고 싶어 한다. 그러나 좋은 시는 어떻게 쓰는가에 대한 답은 다양하다.

어떤 시가 좋은 시인가? 를 물으면 대답하기가 쉽지 않다.

좋은 시를 쓰기 위해서는 첫째 무엇에 대하여 쓸 것인가?를 먼저 생각해야 한다.

둘째 어떻게 쓸 것인가?를 생각해 봐야 한다. 첫째 부분은 쉽게 생각할 수 있다.

그러나 둘째 부문은 충분한 관찰과 자료조사가 선행돼야 한다.

시인은 보이지 않는 부분까지 볼 수 있어야 한다.

셋째, 수사법을 통하여 시적 기교가 있는 문장을 만들어야 한다.

마지막으로 사람 냄새가 나는 자신만의 느낌을 넣을 수 있어야 한다.

비유법, 이미지, 함축적 언어, 변용, 치환, 낯설기 기법 등을 동원해야 한다.

이번 달에는 비유적인 이미지와 낯설기 기법을 이용한 개성적인 작품을 찾아보고 자 한다.

2. 비유적인 기법과 낯설기 기법을 통한 개성적인 작품

늦은 잎이 더 푸르다.
철을 까먹은 꽃은 곱고 야무지다
이른 꽃은 꽃샘추위에 스러지는 일
조화(早花)로 행세하다 결국 조화(造花)로 조화(弔花)의 생을
마친다
예비하지 못한 유약함에 목숨을 잃는 일
때 이른 눈바람 속을 뚫고 나온 새싹들
그 깜찍함에
시인들은 카메라로 호들갑을 떤다
봄의 전령이란 말은 사이,황당해지고 만다
늦게 완성될수록 큰 성취를 이루듯

천천히 도달하는 만큼만 싱그러운 것
꽃도 잎도 줄기도
제철보다 늦게 시작하는 현명한 나무가
열매와 아름다움을 예비하듯 누린다
해서, 즈음
나도 오래 두고 기다리기로 한다
사령(死嶺)을 넘긴 아내의 가는 팔 링거 줄기에
잎 나고 꽃필 날의 쾌를

노창수「링거 줄에 대한 기대」

작품에서 첫 행은 매우 중요하다.

'늦은 잎이 더 푸르다.' 이 시에서 나타내고자 하는 주제다. 대기만성(大器晩成)이라는 사자성어가 생각난다.

'일찍 피는 꽃은 꽃샘추위에 스러진다.'는 것을 강조하고 있다.

'조화(早花)로 행세하다 결국 조화(造花)로 조화(弔花)의 생을 마친다.'

제철보다 늦게 시작하는 나무가 아름다운 꽃을 피우고, 충실한 열매를 단다고 했다.

여기에 병든 아내의 건강이 늦게 시작하는 나무의 꽃처럼 피어나기를 바라는 마음이 담겨있다. 가족의 중요성이 절절하다.

'사령(死嶺)을 넘긴 아내의 가는 팔 링거 줄기에/ 잎 나고 꽃필 날의 쾌를'

시인의 염원이 들어있는 부분이다. 시적 자아의 마음이 애틋하다.

자연스러운 문장구조가 대구를 이루면서 무게감을 더해 주고 있다.

    산빛 젖어 우는 새
    나뭇잎 귀 세워
    계곡의 물소리 듣는다
    원천에 두고 온 마음
    여울목 돌아
    빈 가슴에 흐르고
    굽이치는 물결
    되돌아오지 않는 시간
    모래밭 갈대 몸 흔들어 깨운다
    살아서도 입 없는 물보라
    한 줄기 강바람
    시린 마음 달래며
    노을 진 그리움
    내 가슴에 안겨 있다
                    김윤란 「돌릴 수 없는 물길」 전문

김윤란 시인의 시는 한마디로 군더더기가 없다. 감각적 이미지로 나타낸 점이 특징이다.
'산빛 젖어 우는 새'에서 시각과 청각 이미지가 조화를 이루고 있다.
'모래밭 갈대 몸 흔들어 깨운다'에서 시각적, 역동적 이미지가 합쳐져 공감각적 표현으로 작품의 품격을 높이고 있다. 산뜻한 묘사로 자연의 아름다움을 나타내고 있다.

물길을 보면서 인생을 관조하는 모습이다. 물길을 의인화하여 흘러가면 돌아올 수 없음을 인생에 비유했다.

시인은 비의(秘意)를 찾아내야 한다. 시인의 눈은 매의 눈처럼 예리한 관찰력을 지녀야 한다. 이 점에서 김윤란 시인의 예리한 관찰력이 돋보인다.

> 복된 강은 영원으로 흐르고
> 부동의 마음 한결같아서
> 수행자보다 더 수행자 같은
> 순간을 삶으로 보여주고 있다
> 언제나 그 자리 그 모습
> 보살의 큰 원력이 아니라면
> 설명할 수 없는 굳은 의지로
> 태어난 의미를 보는 거울이다
> 붉은색은 붉게 푸른색은 푸르게
> 존재의 마음 색을 있는 그대로
> 보게 하는 투명한 매력이 넘치는
> 여의주 같은 마음을 가진 사람
>
> 　　　　　　도해 스님 「지강祉江」 전문

도해 스님은 열심히 정진하는 스님이다. 스님 중에 스님이라고 감히 말할 수 있다.

'지강'이라는 제목이 복된 강이라는 뜻이다. 제목처럼 도해 스님이 바로 복된 강이다. 많은 스님 중에서 도해 스님을 높이 평가하고 있다. 인품과 소양을 고루 갖춘 수행자 중의 수행자라고 생각한다.

강의 속성을 보면 변하지 않는 삶, 낮은 곳으로 내려가는 삶, 길이 없는 곳도 길을 만들면서 가는 삶, 함께 어울리며 살아가는 삶 등 많은 것을 담고 있다.

여의주 같은 마음을 가진 사람이라고 하였다. 적절한 수사로 작품에서 수수한 매력을 발견할 수 있다.

도해 스님은 한문학에도 박학다식한 스님이다. 경주 동국대학교에 출강하고 있다.

불교적인 철학을 바탕에 깔고 있어 겉보기에 나타나지 않은 심오함이 내재해있다.

세상이 잠든 시간에
눈을 동그랗게 뜨고
시정(詩情)을 응시하는
맑은 시선이 있다
끝없는 고독 속에
그토록 순결하고 고운
한 줄 채색(彩色)을 찾아
시인은 가슴앓이한다
시를 짓는 마음은

고운 빛깔의 옷보다
한 송이 꽃을 응시하는
시선이어야 한다
삭풍에 흔들리는
앙상한 나뭇가지에서도
봄바람에 흔들리는 꽃의 영혼을 그리고 싶다
사방이 캄캄하다
꽃을 잊어버린 시선
이 죽일 놈의 가슴앓이여
새벽이 기다려진다.

오을탁 「가슴앓이」

오을탁 시인은 상상력이 풍부한 시인이다. 상상력은 시를 이루는 원동력이다.

이 작품은 시 창작의 고통스러움을 나타내고 있다.

그러나 '눈을 동그랗게 뜨고/ 시정을 응시하는'에서 입가에 웃음이 번진다. 표현이 재미있다.

각 연의 중심 제재를 찾아보면 1연 시정(詩情) 2연 채색(彩色) 3연 한 송이 꽃 4연 꽃의 영혼 5연 시선을 들 수 있다.

시인은 한 편의 작품을 낳기 위하여 얼마나 많은 시간과 고뇌 속에서 헤매고 있는가?

어둠을 뚫고 아침을 기다리는 것은, 시인의 마음이 환하게 밝아오기를 기다리는 마음이다.

개성적인 언어 미학과 기법의 묘미가 눈길을 끈다. 은유를 통해 연상과 전이의 기법을 잘 활용하고 있다.

오을탁 시인은 제주도에서 좋은 작품을 쓰는 시인이다.

시집으로 '말하고 싶었지만 이미 말을 잊었노라'를 출간하여 독자에게 많은 관심을 받은 바 있다.

어디로 가는 걸까 얼마나 가야할까
아무런 설명 없이 무조건 달려가네
철책선 통과하면서 멀어지는 고향길
성탄절 이브날 밤 지피(GP)를 바라보며
북으로 달려간다 돌아온단 보장 없이
눈꽃은 휘날리는데 종소리는 울리는데
명령에 죽고 사는 군인이 가는 길엔
후퇴는 절대 없다 앞으로 나아갈 뿐
가는 곳 그 어디라도 길이 되는 군인의 길

人山 김만옥 「길」 전문

3수로 된 연시조다. 군 생활의 체험을 통하여 쓴 작품이다.

크리스마스 이브날 밤 영문도 모른 채 군용트럭에 실려 어디론가 가고 있다.

그 시점에서도 작가는 길을 찾고 있다.

'가는 곳 어디라도 군인의 길'이라고 말하고 있다.

시인이 풋풋했던 청년 시절, 군에서 겪은 일을 시로 표현했다.

작가는 절망 속에서도 작품 몇 편을 건진 일은 행운이었다고 말하고 있다.

어둠 속에서 빛을 찾은 젊은이의 지혜는 지금 생각해도 흐뭇한 일일 것이다.

종장에 작품의 주제가 들어있다. 기승전결이 뚜렷한 작품이다.

삶의 구체성을 정밀한 필력으로 구성하는 표현 능력을 갖추고 있다. 정제된 언어로 자신이 표현하고자 하는 의도를 세련된 필체로 나타내고 있다.

보이시나요?
들리시나요?
그대 향한 나의 외침
태양은
거대한 에너지를 분출하며 폭발하지만
그 소리가 너무 커서
안들리지요
지구는
웅장한 마찰음을 내면서 돌지만
안들립니다
신이 우주 밖에서
끊임없는 메시지를 보내도
인간에게는 안들립니다
자식에 대한
부모의 사랑

자식은 잘 몰라요
그대 향한 나의 진심
언제쯤 알아주시려나
오늘도 거울 앞에 서서
그댈 향해 소리쳐 봅니다

신준식 「들리시나요?」 전문

시적 자아가 물음을 던지면서 시작되는 작품이다.
태양의 소리, 지구의 소리가 들리지 않는다고 하였다.
태양과 지구를 운용하는 신은 부모다.
자연이 부모가 되어 자식을 양육하는 것으로 설정해 놓았다.
아무리 신이 애타게 메시지를 던져도 알아듣지 못한다. 거기에 대한 해답을 아래에 제시하였다.
자식이 부모에 대한 사랑을 모르기 때문이다.
오늘도 거울 앞에 서서 외쳐 본다고 하였다. 어버이날이 들어있는 5월이기에 더욱 독자의 마음을 울리고 있다. 자욕양이친부대(子欲養而親不待)라는 구절이 사무치게 다가온다.
부모가 던지는 메시지는 무엇일까? 독자들의 상상력을 발휘하라고 여백을 두고 있다.
쉽게 읽히는 작품이다. 그러나 쉽게 썼다고는 볼 수 없다.
깊이 있는 작품으로 성공적이라고 볼 수 있다.

땅바닥에 낮게 엎드려
감추어온 뜨거운 사랑
바람 불고 비 내리고
가슴으로 삼켜온
쓰디쓴 흰 눈물
부드러운 봄바람에
초록 잎새 사이로
햇살 같은 노란 웃음 피어난다
아낌없이 주고
하얗게 사위어 날아가 버린
사랑의 홀씨
그 어디선가 다시
황금빛 꽃으로 피어나리라

류화옥 「민들레 사랑」 전문

  척박한 땅에서 황금빛 꽃을 피워내는 민들레는 많은 작가의 창작 소재가 되어 왔다. 민들레의 끈기와 자식 사랑의 방법은 높이 평가하고 남음이 있다. 꽃씨에 날개인 깃털을 달아 멀리 날려 보냄으로 자식을 독립시킨다. 인간이 본받아야 할 부분이다.

  시상을 펼치는 솜씨나 언어 구사력이 뛰어나 기대가 되는 시인이다.

  민들레라는 대상에 생명력을 불어넣어 대상을 내면 깊숙이 끌어들이고 있다.

  서정시의 품격과 시를 대하는 맑은 시 정신이 잘 드러나고 있다. 작가의 탄탄한 저력은 장래를 기대하게 만든다.

안개와 그름의 섬 다대포 찾아갔다.
무대포가 해안 절경 숨기는 구름의 섬
물안개 어루만지니
흐느끼며 안긴다
꿈꾸는 신비의 섬 몰운대 어디인가
부산의 삼대명소 승천하는 학의 자태
구름 속 신비한 아름다움
또 어디서 만날까

박성식 「몰운대」 전문

시조는 내용에다 정형적인 형식을 갖춘 시다. 좋은 시조가 되기 위해서는 형식을 지키는 것만으로는 부족하다. 작가는 그 형식을 자유자재로 활용할 수 있어야 한다. 시조의 완결 미는 종장에서 빛을 발한다. 종장은 시조의 핵이고 작품의 우열을 판단하는 기준이다.

1연의 종장/ 물안개 어루만지니 흐느끼며 안긴다.

2연의 종장/ 구름 속 신비한 아름다움 또 어디서 만날까

몽환적인 분위기를 자아낸다. 서정적 자아가 빚은 서정시의 진수를 본다.

특별한 기교를 부리지 않고 보편적인 정형시의 틀 안에서 주제와 서정성을 잘 살려내고 있다.

꽉꽉 가려진 벽 사이
유리창은
세상을 열어놓아요
창문을 열면
햇빛이 들어오고
달빛도 기웃거리고
새소리도 놀러 오지요
창문을 닫으면
덜컹덜컹
바람이 칭얼대고
바스락 바스락
나뭇잎이 두드리고
쉿!
우리 아가
잠자는 중이야

윤영훈 「유리창」 전문

동시는 어린이의 눈높이로 지어진 시다. 작가는 어른일 수도 있고, 어린이일 수도 있다. 단지 어린이의 마음이 스며 있어야 하고 어린이가 즐길 수 있어야 한다.

위의 동시 전편에 시각적 이미지와 청각적 이미지가 조화를 이루고 있다.

창문을 열고 햇빛, 달빛, 새소리를 받아들인다는 내용이다. 곧 마음을 활짝 열고 포용하고 수용하라는 교훈이 담겨있다.

시적 감성이 좋으며 발상과 표현도 새로움과 재치가 엿보인다.

오로라를 보러 로키산맥으로 떠난 여자를 떠 올린다. 오로라로 고생을 마다 않는 그녀를 위해 오로라를 펄럭인다. 공인되지 않는 오로라와 겹쳐놓은 시를 읽는 밤. 공인되지 않은 오로라는 공인된 오로라로 수렴이 되곤 한다. 오로라는 천 년 전이나 지금이나 자신을 벗어난 적이 없지. 음식이 바뀌고 입맛이 바뀐다. 불친절한 시가 날카로운 모서리로 웃는다. 자신을 잘 알고 이해하는 사람처럼, 모든 것을 이해하고 나면 나를 알 수 있을까. 오로라 중에서도 겉으로 드러나지 않은 오로라도 있지. 시도 선거제도처럼 얼굴을 바꾸었지. 다당제를 실시하고는 있지만 탈당도 하고 노선을 바꿔 입당도 하지. 오로라는 환상적이지. 라고 명령하면 오로라를 왜곡시킬 수도 있으니 오로라를 오로라라고 명명하기로 한다. 오로라가 펄럭인다.

이상기 「오로라」 전문

근래에 산문적 스타일의 시가 유행하고 있다. 그러나 산문 시와 산문적 스타일의 시는 다르다.

산문시는 산문의 형식만 빌렸을 뿐 각행마다 은유와 상징이 시적인 시를 말한다. 반면에 산문 스타일의 시는 약간의 시적 요소만 있을 뿐 수필과 구별하기가 애매하다.

위의 시는 산문 시로 제목부터가 인상적이다.

제목인 오로라는 우주에서 지구로 유입되는 하전 입자들이 고

층대기의 기체들과 추돌하여 빛을 내는 현상이다. 남반구와 북반구의 고위도 지방에서 주로 나타나며 극광이라 부른다. 사람들은 오로라를 신의 영혼이라 부르고 있다. 또 오로라는 행운을 뜻하기도 한다.

작품 전체에 수준 높은 비유와 상징이 시의 품격을 높이고 있다. 강한 은유는 독자를 사유의 세계로 인도한다.

삶의 세계를 꿰뚫어 보려는 분석의 눈이 예사롭지 않으며 작품을 통하여 시인 자신의 인생관도 제시하고 있다.

'불친절한 시가 날카로운 모서리로 웃는다.' '오로라가 펄럭인다.' 등의 묘사로 상상의 날개를 달아주고 있다.

3. 나가는 말

꽃 잔치에 이어 녹음의 계절이 다가왔다. 점점 짙은 녹색으로 세력을 뻗어나가는 녹음처럼 우리 국보문학도 강한 힘을 받아 전진하고 있다.

이번 호에는 보석같이 귀한 7명의 신인 작가가 국보 가족이 되었다. 시, 수필, 디카시, 소설 부문에서 신인 작가를 배출했다. 늘 아쉽게 생각했던 소설 분야에서 신인상을 내게 되어 반갑기 그지없다.

소설로 등단한 '장동진' 소설가는 재미교포로 미국에 거주한다. 바다 건너 미국까지 국보가 알려지게 됨도 국보인의 긍지를 심어주고 있다.

타국에서 모국어로 글을 쓴다는 건 무척 어려운 일일 것이다. 우리 국보 가족이 된 장동진 소설가님을 환영한다.

최근에 시의 기존상태를 깨뜨려 산문시의 형식을 취하는 경향이 두드러지고 있다. 근대 초기에는 장르적 인식이 뚜렷하지 않은 상태에서 모방적 또는 실험적으로 시도되었던 산문시가 어떤 미적 특성과 효용을 갖게 되는지 더 다양하게 연구되길 바란다. 이번 호에도 산문시 몇 편이 선보이고 있어 산문시에 대해 살펴보는 계기를 마련하게 됐다.

마무리 인사 후에 또 필을 들게 됐다. 후임이 정해질 때까지라는 조건으로 다시 여러분 앞에 서게 됐다.

국보문학인의 긍지를 가지고 앞으로 나가길 빌어 마지않는다.

마음으로 그리는 이미지의 비유와 직조

김후란 『떠나가는 비』
한춘섭 『꽃 사태』
이태순 『달항아리』
김 윤 『눈 오는 날에』
장원의 『새로운 날』
배정화 『사이좋게 지낼께요』
이경란 『의자』
정미화 『준비』
임동식 『꽃의 삶』
승려 각원 『An에게』

1. 들어가는 말

서정시의 매력은 상징과 함축미 그리고 비유의 직조에서 나온다.

음성 상징어의 활용, 흑백의 대비와 다양한 어조, 인간적인 위로와 격려의 태도를 통해 주위의 보잘것없던 사물이 생명을 얻어 새로운 모습으로 태어난다.

고통에 대한 사유와 상상력, 그 내면화 방식은 현대시의 이해와 그 깊이에 매우 중요한 의미를 부여하고 있다.

시란 것은 진실한 생각, 진실한 느낌, 진실한 표현을 통하여 나오는 데 이는 전인격적(全人格的)체험에서만 이루어질 수 있다.

– 〈미당〉은 이를 자신의 '전인격적 체험'의 변주라고 했으며,

'생명의 표현'이라고도 했다. 그러므로 시는 견딜 수 없는 고통과 번민 속에서 얻어지는 것이다.

  시는 마음의 전달이다. 작가의 진솔한 생각을 체험과 상상력으로 나타낸 작품을 찾아보았다.

  아름다운 마음으로 울림이 있는 작품으로 들어가 보자.

2. 아름다운 이미지로 나타나는 비유와 직조

  비는 소리 없이 오는 손님이다
  낮은 곳으로
  낮은 마음으로
  이 가슴에 스며드는 부드러운 눈짓이다
  거센 몸짓 내리쏟는 비가
  무정하게 부딪혀 오기도 한다
  그렇게 우리는 만난다
  이 지구상에 살아있는
  모든 생명과 하나 되는 투신投信
  올해 만나지 못해서
  말라비틀어진 목숨에게는
  아차 미안해요 내년에 만나요
  이 가을 눈물 같은 이슬방울로
  나직이 속삭이며 떠나간다

                김후란「떠나가는 비」전문

가을비를 떠나가는 비라고 표현했다.

'모든 생명과 하나 되는 투신'

작가는 비의 역할을 주관화하고 있다. 여기에 서정적 자아가 떠나가는 비와 하나 되었다.

대상에게 낙관적 시선과 발랄한 상상력으로 생명의 옷을 입히고 있다.

이 작품이 말하고자 하는 것은 사랑이다.

'지구상에 살아있는/ 모든 생명과 하나 되는 투신投信' 이 구절에서 자신을 던져 모든 것을 살려내는 것이 비라고 하였다. 좋은 시는 관찰력에서 나온다. 작가가 사물을 바라보는 관점은 작가의 내면에 들어있는 사랑에 있다.

차라리 동백꽃은
눈물 뚝뚝
울기나 한다지
바람 곁이 흩고 간
어이없는 봄꽃 사태
세 살 적
숙부 잔치 날에
내 아버지 부음처럼
　　　　　　한춘섭「꽃 사태」전문

꽃과 아버지를 동일시함으로 시를 끌고 가고 있다.

세 살 적 아버지의 부음이라는 엄청난 고통을 내면화 방식을 이용하여 심화하고 있다.

눈물조차 흘릴 수 없는 꽃 사태라는 표현은 개성적이다. 숙부 잔치 날에 아버지의 부음이라!
이런 사태를 담담한 어조로, 죽음에 대해 사유하고 있다.
상징과 함축미의 진수를 보여주고 있는 수준 높은 작품이다.
내 고향 초가 위에 걸터앉은 보름달이
집까지 따라와서 탁자 위에 자리 잡고
온 집안 환히 비추며 가족 염원 듣고 있다.
이태순 「달항아리」 전문

시조는 그 내용에다 정형의 틀인 형식을 곁들인 것이다. 작품의 소재는 평범한 것 같으나, '달'은 동경의 대상이며 경외의 대상이다.
정신적 본향과도 같은 '달'을 시의 중심에 들어 앉힌 점도 주목할만하다. 익숙함을 배제함으로써 시를 돋보이게 하고 있다.
시조는 완결의 미학이 종장에서 빛을 발한다. 종장은 시조의 핵이고 작품의 우열을 판단하는 기준이 된다.
'온 집안 환히 비추며 가족 염원 듣고 있다.'
종장의 율격이 3, 5, 4, 4다. 이는 시의 율격을 충실히 따르고 있다.
보름달과 달항아리의 대비도 좋은 비유다.

눈 오는 날에 화롯가에 옹기종기 모여 앉아
깔깔대며 웃던 추억에 젖어본다
내기를 하다 진 순덕이와 명순이는 엿 사러 가고
우리는 저녁에 먹다 남은 식은 밥에 김치를 썰어 얹고
고추장 한 수저 참기름 한 방울 둘러 화롯불에 올려놓고
지글지글 볶아지는 소리에 침을 삼키며
서로 한 수저씩 떠먹여 주며
웃음꽃을 피운다
소리 없이 내리는 눈은
그칠 줄 모르고
밤이 깊은 줄도 모르고
재잘대는 소리는 새벽녘이 되어서야 멈추며
아랫목에 이불 하나 깔아놓고
서로 다리 밀어 넣고 잠이 든다.

김 윤 「눈 오는 날에」 전문

  눈 오는 겨울밤 시골 풍경이 한 폭의 그림처럼 떠오른다. 독자를 어린 시절로 초대하고 있다. 그때는 가난했지만, 정은 넘쳤고 부족했지만, 마음은 풍성했다.

  이야기가 있는 서사 작품이다. 체험을 통한 작품은 독자에게 공감을 얻기가 쉽다.

  긴 긴 겨울밤에 음식을 한 숟갈씩 나눠 먹으며 정도 나누고 있다.

  삭막한 현실에서 모처럼 포근한 정을 맛보는 어린 시절로 돌아

가 보았다.

  행과 연의 유기적 조화가 무리 없이 흐르고 있다. 이미지 전개가 물 흐르듯 자연스럽다.

    빛을 향해
    세상을 걷다 보면
    내 뒤에 남는 그림자, 그림자들
    땅에 떨어진 입술들은
    상처가 아프다며 자꾸만 수런거리고
    멈출 수 없는 길 위에서
    이제는 두 눈 질끈 감고
    새날을 만나야 한다
    새로운 날에는
    길가에 핀 풀꽃에 눈 맞추고
    스쳐가는 나무에게도
    안부를 물어야지
    한 해가 저물어 가는 이 시간
    가슴에 웅크린
    여린 희망 하나 꺼내어
    빛으로 오는 날에게 건네니
    괜찮아
    괜찮을 거야
    새로운 날들이 웃으며 말을 한다
                                     장원의 「새로운 날」 전문

새로운 날에 대한 희망을 노래한 글이다. 세상 속에서 피어나는 꽃봉오리처럼 독특한 자기만의 작품세계를 펼치고 있다.

현실에 얽매이지 않고 미래로 뻗어나가는 진취성을 보이는 점도 좋았다.

이제 새봄을 맞았으니 힘들었던 지난날은 잊고 산뜻한 마음으로 새날과 대화하고 있다.

자연에 대한 사랑이 들어 있을 때 다음과 같은 시어들이 나타날 수 있다.

새로운 날에는/ 길가에 핀 풀꽃에 눈 맞추고/ 스쳐가는 나무에게도/ 안부를 물어야지

장원의 시인에게 희망의 새날이 오길 기대한다.

뜰 안의 두 소나무가 있다.
한 그루는 금송
한 그루는 해송
둘 사이의 거리가 좁아져
고민이 된다
금송은 파낼까
해송은 잘라낼까
생각하는 사이에
훌쩍 큰 두 소나무
금송과 해송이 하는 말
사이좋게 지낼께요

배정화「사이좋게 지낼께요」

던지는 메시지가 깔끔하다. 삶의 세계를 꿰뚫어 보는 분석의 눈이 예사롭지 않다.

작품은 대화체로 어렵지 않으면서 정감이 간다. 익숙함을 배제함으로 시를 돋보이게 하고 있다.

금송과 해송의 동거다.

인간이 볼 때는 어울리지 않은 조합이나, 자연은 그들 나름의 화합과 타협을 모색하고 있다.

관광지에 가 보면 전혀 다른 수종끼리 얽혀서 연리목이 된 모습을 종종 볼 수 있다.

같은 종인 소나무야 말해 무엇하리!

이렇게 시인의 눈은 남이 보지 못하고 듣지 못하는 부분도 보고 듣는다.

금송과 해송의 동거가 인간에게 던지는 메시지가 이 시의 수준을 높이고 있다.

자욱한 담배 연기
허공만 쳐다보는
젊은이는 말이 없다
날카로운 인상과
내려앉은 두 어깨가
인생의 무게인 듯
하루에도 서너 번

말없이 앉았다
한숨 쉬고 가 버린다
내 뜻대로 되는 게
하나도 없다고
시작은 좋았는데
끝이 안 풀린다고
해거름 젊은이는
낮에서 밤까지
이야기 나누더니
그 후 젊은이는
보이지 않았다

이경란 「의자」 전문

    현시대의 젊은이를 조명하고 있다. 시인은 역사의 증언자가 되어야 한다.
    이 작품은 일인칭 시점으로 쓰인 작품이다. 의자와 시적 화자가 하나가 되어 의자가 하는 말을 대언하고 있다.
    의자에 앉아있다가 떠나는 이의 말을 놓치지 않고 있다.
    한창 일해야 할 젊은이가 의자에 앉아있다. 현시대 젊은이의 아픈 모습이다. 이렇게 시대의 반영은 미래의 역사가 될 것이다.
    '자욱한 담배 연기/ 허공만 쳐다보는/ 젊은이는 말이 없다.'
    첫째 연에서 이 시의 주제가 선명하게 드러나고 있다.
    시인의 사명은 역사의 증언자 외에 현실을 고발하는 고발자 역할도 해야 한다.

  직장 구하기는 힘들고, 물가는 천정부지로 오르고 있다. 그들의 입에선 한숨만 나오고 있다.

  시인은 젊은이의 대변자가 되고 있다.

  우울한 젊은 세대의 감각이 행간 사이에 녹아 있다. 삶의 구체성을 정밀한 필력으로 구성하는 능력을 갖추고 있다.

  여기에서도 사랑의 눈으로 세상을 보고 있다.

뿌연 안개 같은 머리카락
뼈만 남은 손으로 쓸어넘기며
염색 좀 해시마…
철 지난 여든 해를 싹둑싹둑 잘라내고
진통제 같은 염색약으로 가는 세월을 불러 세운다
헤진 엉덩이 사이로
냄새 역한 소변줄 달고
한 겹으로 얇아진 살점들
허억 허억 깊은숨 몰아 뱉으며
가자, 가자!
꿈속에서 헤쳐나와
푸른 거울 속 당신 모습에 어리둥절
분 가져온나, 입수구리 좀 바르자
이마의 주름을 쓸어 올리며 고개를 갸웃거린다
가자!가자!
어머니 어디로 모실까요?
초여름 구름 한 점

멈추어 뒤를 돌아본다

정미화 「준비」 전문

늙어 병든 노인의 모습을 선명하게 드러냈다. 시인은 노인의 모습에서 자신의 미래를 보고 있다. '준비'라는 제목이 이를 말하고 있다.

여든 노인의 참혹한 모습을 애처로운 시선으로 보고 있다. 정제된 언어로 자신이 표현하고자 하는 의도를 어머니에 빗대어 표현하고 있다.

'뿌연 안개 같은 머리카락/ 뼈만 남은 손으로 쓸어 넘기며/ 염색 좀 해시마…'

이런 상황에서도 젊어지고 싶고, 예쁘고 싶은 인간 본능을 잘 표현했다.

염색에다, 분 바르고 루주도 바르고 지는 해 같은 젊음을 잡아보려 한다. 어머니의 심정이 작가의 손에서 빛을 발한다.

방언을 통하여 노인의 모습을 디테일하게 그리고 있다.

노령화 사회에 진입한 현실에서 그 주인공인 노인의 모습을 그리고 있다. 작가는 시의 행간에 사랑을 녹여내고 있다.

영롱한 이슬 맺힌 꽃망울
뾰족이 고개 내미니

햇살에 몽우리 영글어
꽃피우겠다는 일념
바람에 흔들리고
꽃샘추위 견디니
생명이 탄생하듯
한 송이 꽃으로 태동
고운 내 모습 아름답다 칭찬하며
사랑의 눈길 보내니
이보다 행복할 수 없다
벌과 나비를 향기로 유혹
타락한 천사가 되어도 좋아
달콤한 열매를 감싸고 있네
화려했던 열흘의 행복
바람에 꽃향기 실려 보내고
노래 부르며 땅으로 지네
사랑으로 열매 맺었으니
이 세상 하직해도 좋아
영혼은 꽃으로 남아
누군가의 가슴을 예쁘게 수놓는 꽃의 삶.

임동식 「꽃의 삶」 전문

  자연은 지금까지 시 창작의 소재가 되어왔다. 자연에 대한 찬미나 생명에 대한 예찬이 시인의 손에서 직조를 거쳐왔다.
  작가도 평범한 꽃에서 인생의 의미와 삶의 가치를 성찰하고 있다.
  관찰력과 사색의 흔적이 배어있다. 내면의 서정을 대상물과 하나로 형상화한 점을 높이 사고 싶다.

　자연의 생명력과 순정한 사랑이 융합된 시로 작가의 역량을 볼 수 있다.

　이 작품에서 생명의 숭고함을 느낄 수 있다.

　　사랑하는 An
　　그리웠던 나의 마음을 아십니까?
　　아슴아슴했던
　　나의 시간을 알고 있습니까?
　　긴 아쉬움에 가슴 조이며 울었던
　　인연을 알고나 있습니까?
　　사랑하는 An
　　그대와 나의 깊었던
　　인연의 늪 속에 발이 묶여
　　철퍼이면서
　　철퍼이면서
　　돌아서는 나의 뒷모습을
　　An은 보고 있었습니까?
　　사랑하는 An
　　한 줌의 구름이 잠자는 산길에서
　　등을 돌리는 나의 모습을 보고
　　An은 무엇이라고 했습니까?
　　흐르는 계곡물에 눈물을 훔치는
　　나를 보고 어떤 기억을 했습니까?
　　An나의 어깨 뒤켠에는
　　야속한 어두움만 내리는데

나는 그대의 그림자를 지워야 했기에
서럽다 못한 이 목메임을….
사랑하는An
그대를 모른다ㄱ 잊히었다고
저만큼에서 뒤돌아보아도
부드러운 그대 손길에
마음을 잡힌 채
그 자리에 주저앉아
해마다 피고 지는 구절초가 되어
풀꽃처럼 살아가렵니다
사랑하는 나의An에게
     승려 각원「An에게」전문

 승려 각원은 스님 중에서도 공부를 많이 한 승려다. 그뿐만 아니라, 살신성인 정신을 몸소 실천한 분이다. 자신의 臟器(장기) 일부를 가난한 대학생에게 무료로 기증했다. 사랑을 실천하고 자비를 베푼 산 증거다.
 각원이 운영하는 사찰은 각원사였는데 이제는 '푼수사'라는 간판을 달고 있다. 이를 이상히 여겼는데, 어느 날 각원이 자기를 '푼수'로 불러달라더니 아예 사찰 이름도 '푼수사'로 바꿔버렸다. 이는 겸손의 극치다.
 치열했던 다부동 기념관 근처에 유학산이 있다. 유학산 자락에 자리 잡은 '푼수사'는 이름도 특이하고, 스님 또한 평범하지 않아

많은 사람에게 회자되고 있다.

각원 스님의 「An에게」는 연작시로 발표되고 있다.

시적 화자는 애틋한 사랑을 나타내고 있다. 현세와 속세의 갈림길에서 갈등하는 모습을 묘사하고 있다. 진솔한 마음을 전달하는 작품이다.

마지막 행에서 '해마다 피고 지는 구절초가 되어 풀꽃처럼 살아가렵니다'에서 자신의 굳은 마음을 나타내고 있다.

편지 형식의 이 작품은 가슴에 잔잔한 울림을 주고 있다. 속세를 떠나 지나간 삶을 반추하는 작품으로 시적 기교는 없지만, 독자에게 물음표를 던져주는 작품이다.

각원은 독특한 스님이다. 속세의 부귀와 영화를 뿌리치고 스님으로서 본분을 지키겠다는 의지가 특별히 강한 스님이다.

각원사에 가 보면 우물가에서 독특한 글귀를 발견할 수 있다.

'나는 아무것도 모르니 바람이나 한 잔 마시고 가세요.'라는 글귀다. 무소유를 실천하는 훌륭한 스님이 국보 가족이라는 것이 자랑스럽다.

3. 나가는 말

생활 현장에서 진지한 사색을 통한 메시지를 전달한 작품들을 감상해 보았다.

대체로 언어표현 능력은 높이 평가할 수 있다. 그러나 아쉬움을 느낄 때는 단순한 자신의 느낌이나 보편적 진술로 소재를 설명하는 형식의 글을 대할 때다.

작은 사물에서도 인간애를 탐색하는 순정적 이미지를 발현할 때 수준 높은 작품으로 태어날 것이다.

시인의 인격적(人格的)체험은 시 창작의 중요한 자산이다. 다시 말한다면 시는 인격의 표현이며, 정서의 표현이다. 또 마음의 전달이다.

시는 사랑이 들어 있어 아름답다. 시에서 시인의 아름다운 마음을 찾아내면 더욱 기쁘다.

훌륭한 작품 앞에 서면 경건함마저 든다. 예술의 경지에 든 시는 영원히 독자의 가슴에 남아있다.

'시인은 작품으로서 말한다.'는 불변의 진리 앞에서 절차탁마하여 작가의 이름을 드높이기를 바란다.

이 어려운 시대에 국보가족은 문학으로 하나 되어 세상이 빛이 될 것을 다짐해 본다.

이제 기세등등했던 동장군도 봄의 전령사에게 밀려나게 됐다. 어김없이 돌아가는 세월 속에서 우리 국보가족 앞에도 봄소식이 왔다. 곧이어 꽃 소식도 배턴을 이어가듯 달려올 것이다.

머잖아 꽃소식과 함께 국보가족에게도 좋은 소식이 날아들기를 원한다.

겨울잠에서 기지개를 켜고 문학의 봄을 향해 달려가야 할 것이다.

많은 작품 속에서 몇 작품을 뽑아 올리는 작업은 시를 쓰는 작업보다 더 어렵다.

선택의 영역에 들지 않았다고 작품의 수준이 낮은 것은 결코 아님을 밝힌다.

국보인으로서 국보인답게 자긍심을 갖고 함께 나아가길 바란다.

시인과 독자 사이의
징검다리

초판 인쇄 2025년 4월 4일
초판 발행 2025년 4월 10일

지은이 김 전
발행인 임수홍
디자인 맹신형

발행처 한국문학신문
주 소 서울 강동구 양재대로 114길 322층
전 화 02-476-2757~8 FAX 02-475-2759
카 페 http://cafe.daum.net/lsh19577
E-mail kbmh11@hanmail.net

값 20,000원
ISBN 979-11-90703-95-6

· 저자와의 협약에 의해 인지는 생략합니다.
· 이 책의 글은 저작권법에 따라 보호를 받는 저작물이므로 저자와 출판사의 동의 없이는 무단 전재 및 무단 복제를 금합니다.

· 잘못된 책은 바꾸어드립니다.